向团队要结果就这么简单

团队指标设定与落地执行全案

任鑫苗　倪营凯◎著

中国经济出版社
CHINA ECONOMIC PUBLISHING HOUSE
·北京·

图书在版编目（CIP）数据

向团队要结果就这么简单/任鑫苗，倪营凯著．
—北京：中国经济出版社，2019.7
ISBN 978-7-5136-5503-3
Ⅰ.①向… Ⅱ.①任… ②倪… Ⅲ.①企业管理—组织管理学 Ⅳ.①F272.9
中国版本图书馆 CIP 数据核字（2018）第 287682 号

责任编辑　李　丰　高晓晔
责任印制　巢新强
封面设计　任燕飞

出版发行　中国经济出版社
印 刷 者　北京力信诚印刷有限公司
经 销 者　各地新华书店
开　　本　710mm×1000mm　1/16
印　　张　14.5
字　　数　208 千字
版　　次　2019 年 7 月第 1 版
印　　次　2019 年 7 月第 1 次
定　　价　58.00 元
广告经营许可证　京西工商广字第 8179 号

中国经济出版社　**网址** www.economyph.com　**社址** 北京市西城区百万庄北街 3 号　**邮编** 100037

前言 | PREFACE

同样开超市，为什么只有沃尔玛、家乐福遍布全球？

同样做汉堡，为什么只有麦当劳、肯德基走向世界？

同样卖咖啡，为什么只有星巴克能引领时尚潮流？

答案很残酷，但也一语道出了管理的本质，那就是这些团队的管理者只做了两件事：定指标，要结果。所谓定指标，就是制定工作标准，下达明确、具体、合理、可量化、有挑战性的指标，让团队成员明白工作要做到什么程度。所谓要结果，就是借助监督、考核、激励等管理策略，激发团队成员朝着完成指标而努力。成员们知道，达成了指标，就是执行到位，就可以获得相应的奖励；没有达成指标，就是失败，不仅得不到奖励，相反还有可能受到处罚。如此，员工在落实指标时才会充满激情和动力。

很多团队之所以裹足不前，问题并不是出在运营目标上，而是出在目标的执行落实上。执行力为什么会出问题？并不是团队成员能力不足，而是缺少了科学、规范的硬性指标，指标对团队执行力起着关键性的支撑作用。有了指标，我们谈执行力才有意义；有了指标，执行力才有保障；有了指标，“向团队要结果”才不是一句空话。

团队如人。判断一个人身体是否健康，可以对照各种体检指标；同样，评判一个团队是否健康，也可以对比各类运营指标。指标是可量化的数据，通过这些数据，管理者可以清晰地看到团队的运营现状，发现需要改进的地方，准确把脉以做出正确的经营决策；指标还可以规范团队成员的行为，引导员工的前进方向。指标就像一条条底线，在带团队的过程中起着极大的推动作用。

我们常说，管理有指标，结果不走样。一套好的管理指标，会帮团队培养人、训练人、改造人，打造出攻无不克、战无不胜的超强执行团队，彻底解放团队管理者。本书集理念、方法、工具于一体，助力团队管理者建立一套行之有效的指标管理体系，规范企业管理，让好结果成为必然！

目录 | CONTENTS

第 1 章 重视指标，没有指标就别谈结果

指标是衡量目标的方法，或预期达到的指数、规格、标准，一般用数据表示；指标也是衡量执行结果的重要标准，团队有了指标才能按照预期一步步达成目标，最终取得理想的经营效果。因此，团队管理者一定要重视指标，没有指标就别谈结果。

第 2 章 制定指标，带团队不再凭经验、靠感觉

定指标最忌讳的是凭经验、靠感觉，这无疑会使指标失去原本的公正客观性。如此一来，指标就没有价值和意义了。因此，团队管理者一定要科学调研、全面考虑，针对企业实际制定有效的指标。

第 3 章 坚决落实，别让指标成为“空谈”

为什么很多团队的运营指标最后成了摆设？原因是执行环节出了问题。指标再好，没有落实到位，也是一场空谈。所以，要想让团队走上规范化道路，唯一的办法就是坚决按指标办事，让结果说话。

第 4 章 加强监督，好结果是检查出来的

前 IBM 公司总裁路易斯·郭士纳曾说过：“人们不会做你希望的，只会做你监督和检查的。”要想提升整个团队的执行力，团队管理者就应该重视对日常工作指标的监督和检查。让员工知道你时刻都在关注工作指标的执行情况，员工才会认真落实。

第 5 章 严抓考核，用考核来衡量结果

管理学大师德鲁克说过：“如果不能衡量，就无法管理。”通过合理的绩效考核可以有效地衡量员工的工作成果，可以鞭策员工努力提高工作能力。如果没有绩效考核，员工干好干坏都一样，工作指标无法落实到位，管理就变成了一句空话。

第6章　奖分激励，激发员工内在驱动力

团队发展离不开员工对指标的完美落实，达成这一结果，不妨运用奖分激励员工。所谓奖分激励，是指以奖分来衡量员工的自我价值，反映和考核员工的综合表现，然后再把各种福利待遇与奖分挂钩的激励方法，奖分高的员工可以获得更多福利，从而达到激发员工的主观能动性、充分调动员工积极性的目的。

附　录　带团队必须弄懂的28个重要指标

第1章

重视指标，没有指标就别谈结果

指标是衡量目标的方法，或预期达到的指数、规格、标准，一般用数据表示；指标也是衡量执行结果的重要标准，团队有了指标才能按照预期一步步达成目标，最终取得理想的经营效果。因此，团队管理者一定要重视指标，没有指标就别谈结果。

1.1
管理无指标，管理者就会沦为“管家婆”

不知你是否见过管家婆：她们整天在家里忙碌，却忙得没有效果；她们做了很多事情，却不能让人满意。就拿日常做饭来说，她们的表现也是起伏不定。

有时候饭煮得太硬，有时候煮得太软；

有时候菜炒咸了，有时候菜炒淡了；

有时候饭菜量多了，吃不完，有时候饭菜量少了，不够吃。

……

之所以出现这些状况，很大原因在于管家婆没有指标意识，不懂得用指标来管理一日三餐。在这种情况下，管家婆能不累吗?

一个家庭主妇如果不想让自己沦为管家婆，一日三餐做好饭菜，让家人吃得饱、吃得好，同时，把家庭打理得井井有条，光凭经验是不行的，还需要有一定的指标意识。所谓指标，就衡量一件事做得好不好的标准。继续以做饭为例，我们可以简单列出几个指标，按照这些指标去做，饭菜的量、口味就很有保障了。

（1）饭量——按照人数来定，假设平均每个人吃两碗饭，一小杯米可以煮两碗饭，那一家五口人（四个成人，一个小孩）对应下来就是五小杯米。

（2）水量——煮五小杯米，对应要放多少水？经过日常摸索，可以得出一个准确的水量线，记下这个水量。

（3）菜量——五个人，四菜一汤，每盘菜以家中菜盘子的大小为准，这样就有了买菜的依据。

（4）咸淡——用较小的勺子，经过日常摸索，可以得出一个较为准确的放盐量。

以上指标是针对每餐五口人吃饭的，假如某天孩子的爸爸加班去了，那么就相应地减少饭量、水量和菜量。当然，这些指标只适用于日常生活，碰到节假日或某人过生日，可以多做一些饭菜，可以在原有指标基础上酌情增加。

带团队也是这个道理，管理者必须有一套常规的指标。有了这套指标，就意味着团队有了一个较为固定的标准。在具体经营过程中，根据实际情况，在原有指标的基础上，酌情增减指标数据，就可以有效地避免出问题。

管理者带团队的目的是为了盈利，要想盈利就必须准确决策、经营得当。怎样才能确保决策准确呢？比如，采购多少原材料，生产多少产品，定多少的销售目标，这些都需要参考具体的指标。管理者只有通盘思考团队的各项指标，才能判断团队的经营状况，为下一阶段经营做出准确的决策。

珠海格力电器股份有限公司在2011年收入为835亿元，同比增长37%，净利润52亿元，其股票每股收益为1.74元，同比增长22%。第四季度净利润率7.7%，创下历史次高。这些数据表明，格力的盈利能力大幅提升。这主要表现为：

（1）空调市场份额大幅提升。

2011年，城镇市场中怡康统计市场份额达到26%，其中变频空调销量市场份额为38%。在农村市场，家电下乡市场份额占到了40%；中央空调市场份额提升到11%，排名第三；空调销售量首次超过第二名100亿元。

（2）关键部件自给率大幅提升。

2011年，压缩机子公司珠海凌达的销售量达到34亿元，同比增长106%。电机子公司珠海凯邦的销售量达到23亿元，同比增长68%。

除了表现好的方面，格力也有表现不良的方面。

2011年年末，公司存货175亿元，预收账款198亿元，两个数据均处于历史高位，这表明格力放慢了出货节奏；年平均用人成本大幅度增加，2011年年平均用人成本达到5.1万元，同比增长27%。

根据2011年的各项财务指标，格力高层管理者预计2012—2013年每股收益将达到2.10元、2.54元（收益率分别为20%和21%）。目前股价对应2012—2013年动态市盈率分别为9.4x和7.8x。

通过各项财务指标，可以清晰地看出格力公司的营业状况，还可以对下一年度的盈利状况做一个基本的判断。在这种情况下，管理者对于团队的发展，就能够做到心中有数，对于团队可能遇到的问题，也能保持预见性。

遗憾的是，很多团队管理者并不具备指标意识，企业没有与团队战略目标相配套的核心业绩指标体系。很多指标只能反映团队的部分信息，重要的、核心的指标却缺失了，比如，品牌认知度、员工满意度、合格率等战略层面的指标。这就导致管理者无法通过指标来了解团队的运营状况。

原北美地区头号天然气和电力批发销售商安然公司，为了获得投资者的青睐，故意隐藏巨额债务指标，制造业绩超高增长的假象，一度试图将许多与关联企业签署的合同视为秘密，把大量债务通过关联企业隐藏起来，运用关联交易大规模操纵收入和利润，采用模糊会计手法申报财务报表。这就是典型的利用指标体系不健全来隐藏企业不利的信息。

当一个团队缺乏指标体系时，会有如下几种不良表现（如图 1－1 所示）。

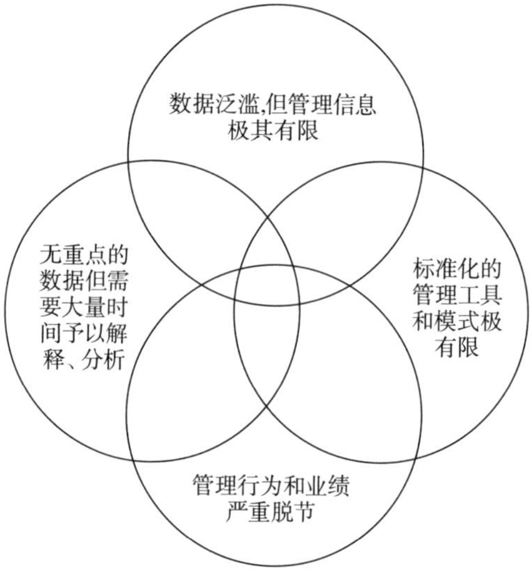

图 1－1　缺乏指标体系的不良表现

通过这个示意图可以发现，指标体系对团队的发展极为重要。一个健全的指标体系，应包括团队盈利能力、偿债能力、产出效率、产销衔接等方面，由此形成总资产贡献率、资本保值增值率、资产负债率、流动资产周转率、成本费用利润率、全员劳动生产率、产品销售率等指标。

要注意的是，任何指标体系都包含定量和定性两种指标。定量的指标可以用具体的数字去衡量，如产量、订单量、销售额等；定性的指标通常可分为好、中、差几个档次，每个档次对应不同的状态。管理者可以根据定量指标和定性指标综合评估团队的经营状况，并就此做出相应的决策。

1.2 没有指标就无法判断管理的效果

“经理，本月的销售势头非常好！”

“经理，这个月采购部的费用支出太高了！”

“经理，我们仓库中的存货太多了，得清库存啊！”

……

作为管理者，当你听到这样的汇报时，会有作何感想？“好”“高”“多”等词均属于概念性词语，经常出现在我们的口语中，但如果你根据这些词去判断团队运营的状况，就很容易陷入主观臆断中，造成决策失误，犯下管理和经营大错。

有一个团队研发、销售的产品在市场上非常受欢迎，销售总额节节攀升。但令管理者不解的是，公司账户上的资金总是不见涨，忙了一年，就是见不到多少利润。原来，公司没有专业的财务部门，没有各项财务指标，管理者只是凭着感觉搞研发、做销售。

后来，管理者认识到了数据指标的重要性，专门报班学习了用数据管理团队的课程。管理者学习后，经过一番计算，发现公司销售额高、利润低的原因是原材料浪费严重、资源不能再利用、为开拓市场不计成本等等。有了明确的数据指标，管理者才如梦方醒：团队运营状况好不好，不能只看销售总额，还要看各项成本指标，看最后的利润总额和利润增长率。

从此，他不再片面追求销售总额的提升，而是重视各项成本管理，注重市场开拓的效率，并用指标来把控团队运营状况。在他的管理下，团队运营成本得到了控制，盈利水平大大提高。

一个人如果不去体检，只是凭感觉自查身体状况，往往会觉得自己身体不错。即使身体偶有不适，也不知道问题出在哪里。而如果经常去体检，通过关注各项指标，可以清楚知道身体哪个地方存在异常，医生会告诉我们怎样预防问题发生，如何去改善。

团队就像一个人，它需要各项指标来判断其运营状况，指标就是团队运营的晴雨表。管理者在带团队的过程中，应该针对团队的经营现况，有意识、有规划地设计经营指标体系，从日常繁杂枯燥的经营数据中提炼出关键性的指标，这样才能轻松判断管理的效果。

有一家家装公司因疏于经营，在2016年走了一段下坡路。据相关资料显示，该家装公司2015年净利润为1800万元，所得税为450万元，财务费用为580万元，年末资产总额为8400万元；2016年净利润为1680万元，所得税为420万元，财务费用为550万元，年末资产总额为10000万元。假设2014年初资产总额为7500万元，则这家家装公司总资产报酬率计算如下：

2015年总资产报酬率 =（1800 + 450 + 580）÷｛［7500 + 8400］÷2｝×100% =35.59%

2016年总资产报酬率 =（1680 + 420 + 550）÷｛［8400 + 10000］÷2｝×100% =28.8%

通过计算可以得知，这家家装公司2016年总资产报酬率大大低于2015年。在这种情况下，这家家装公司要对公司资产的使用情况进行分析，以提高公司资产利用效率和经营管理水平，增强公司的盈利能力。

从这个案例中我们可以发现，只要团队有相关数据，就可以计算出相关的指标，再通过指标对比来衡量团队的运营状况。值得注意的是，要想准确地判断团队的运营状况，必须确保指标的准确性。

在实际经营管理过程中，经常出现指标不准确的现象，主要有以下几种表现，如图 1－2 所示。

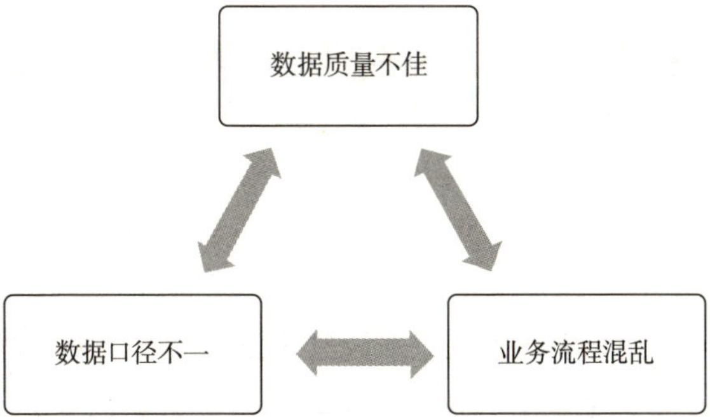

图 1－2　指标不准确的三种表现

（1）数据质量不佳。

数据结果不准或存在误差，如不同员工汇报的数据有出入、偏差。

（2）业务流程混乱。

当部门内部人员没有规范的流程时，很容易导致数据采集的低效和滞后。

（3）数据口径不一。

在收集数据时，可能会出现这样的情况：从客户那里收集到的数据，与从部属那里获知的数据不统一。导致数据不统一的原因，可能是双方统计的方式不一样，也可能是一方出现统计错误。数据口径不一，无法真实地反馈团队的经营状况。

总之，管理者要重视指标管理，充分运用各类数据和指标的指引，准确地把脉团队经营的状况，判断各个时期团队管理的效果。

1.3 指标管人一视同仁，人人服气

某团队管理者刘先生收到客户赠送的5张旅游券，可是他有6名下属。刘先生自己留了一张旅游券，把剩下的4张发了下去。结果，两名没有得到旅游券的员工备受打击，对刘先生产生了憎恨心理。在留守上班的日子里，他们故意以最低价把产品卖给客户，然后从客户那里吃了点回扣。

先不说这两位员工做法不对，刘先生的做法明显犯了管理的大忌，他没有做到公平公正地分配旅游券，导致员工产生不满。孔子曾说："不患寡而患不均，不患贫而患不安。"意思是说一个国家不怕贫穷，就怕财富不均；不怕贫穷，就怕不安定。这个道理同样适用于团队管理。

以上面的例子来说，如果刘先生按照一定的标准，结合一定的绩效指标选出5名下属，把旅游券发给他们，相信大家都没什么意见。这种分配方式是建立在客观依据之上的，可以很好地体现公平公正。这就是用指标管理团队的优势。

大家都知道，"法治"胜过"人治"，标准、指标就是公正客观的"法"。用指标管人，体现的是一视同仁，人人服气。放眼全球500强企业，凡是拥有30年以上历史的，不论是家族企业，还是民营企业，十分注重一种管理模式——标准化管理。标准化的指标管理，有利于保护员工的积极性，激发员工为企业创造更好的效益。

苹果公司是美国的一家高科技公司，由史蒂夫·乔布斯、斯蒂夫·沃兹尼亚克和罗·韦恩等人于1976年4月1日创立。该公司设计并打造了iPod和Mac笔记本电脑（台式电脑）、OS X操作系统，以及革命性的iPhone和iPad。苹果公司曾连续三年成为全球市值最大的公司。在2012年，它创下市值6235亿美元的纪录。2013年企业市值缩水24%，为4779亿美元，但仍然是全球市值最大的公司。

苹果公司的管理十分朴实和低调，主要在于有一套人人平等的标准。在标准之下，有一套行之有效的指标。苹果公司规定，管理者与普通员工是平等的，管理者没有任何特权。比如，苹果公司没有经理餐厅，没有经理娱乐场所，没有经理单独卫生间，没有经理停车场等。即使经理迟到了，也要按照规章制度受罚。

更重要的是，在苹果公司内部，不存在裙带关系。只要员工有能力、有创意，就有机会展现自己。公司规定，无论员工拥有怎样的学历和怎样的身世背景，进入苹果公司后，都要从基层干起。只有成绩达到了相应的指标，才能获得相应的职位。

据说苹果公司有一位名叫沃森的销售部经理，他的儿子汉克斯大学毕业后想进入苹果公司。汉克斯以为，凭借父亲的关系，肯定可以在苹果公司平步青云。但没想到，他通过面试进入苹果公司后，父亲把他安排在基层工作，接受相应的培训。

在培训结束后，汉克斯被分配到纽约地区负责销售业务。沃森对儿子说："这是公司的规定，全公司的任何人都没有特权，就算乔布斯也要遵守。而你作为苹果公司的一员，必须明白这一点。"

标准化的指标管理，是一视同仁、公平公正的保障。一个团队如果没有科学的标准和指标，就不可能达到高质量、低消耗的经营效果，更不可能获得最佳的经济效益。

很多管理者认为，只要机器设备先进、产品优点突出、团队营销能力强，就不怕团队不能取得高效益。在实际经营过程中，他们片面重视硬件设备的更新换代，忽视了管理效能的提升。结果，团队运营成本居高不下，团队效益难以提高。

在江苏南通，有一家外贸公司就因为忽视管理效能的提升，导致团队不断走向没落。几年前，为了让团队与国际贸易接轨，该团队管理者王总加大力度从国外引进先进的设备和产品。在对内管理上，王总忽视了团队标准和相关指标的制定。

最初，王总认为只要将最先进和优秀的产品引进来，就可以提高团队的竞争实力，在市场上占得先机。但是最终他失败了，败在没有将指标化管理放在核心战略上。由于没有量化指标的约束，员工逐渐变得懒散，工作效率大打折扣，服务态度也不断退化，团队的口碑越来越差。该团队最终在大浪淘沙的市场竞争中失去了原有的竞争力。

没有指标的管理，就谈不上公正，也谈不上衡量员工的表现。员工干得好不好，应该获得多少奖金，是否具备晋升资格，大多由管理者说了算。这样就很容易丧失公正性，这就是为什么说“用人管人行不通”，行得通是用制度管人，用标准管人，用指标管人。团队有了指标，才有了评判员工表现优劣的客观标准。用指标管人，才能彰显公平公正，使大家都心服口服。

1.4

指标管理是团队业务不乱的秘诀

说到指标化管理，我们不得不提指标化作业的典范——全球快餐业巨头麦当劳。麦当劳的成功与其指标化作业密不可分，其指标覆盖了日常经营的方方面面，小到汉堡包的烤制时间、留存时间、盘子洗刷几次，大到员工的岗位调整和职位进阶，都有非常具体的量化指标。麦当劳公司总裁雷·克罗克曾说过："快餐连锁店只有标准统一，而且持之以恒地坚持标准才能够保证成功。"

很多人都有这样的体会：同样一道菜，由不同的厨师去做，做出来的味道是不一样的。但是麦当劳不相信这种说法，他们每一家分店的汉堡包、炸鸡翅的口味都是一样的。无论你是在美国，还是在法国、英国、中国，只要你进入麦当劳，你就会发现它们的汉堡包、炸鸡翅的口味是一模一样的。

有人觉得奇怪：为什么麦当劳的食物像复制品一样？是有食物制作模型吗？当然不是，全球麦当劳分店的食物口味都一样，原因是它们有一套共同遵守的操作标准，在这个标准中，有很多细化的指标。每个厨师、工作人员都严格按这些指标去操作，自然最终的食物就有标准化、统一化的口味。

麦当劳的一位工作人员说："公司对食品的制作要求非常严格，做任何工作都有标准。小到一粒冰块的大小、形状，到放入一个纸杯的持杯方式以及倒入饮料的方法，都有明确的指标，以保证食品最好的质量和口味。”

将工作标准化、指标化，让所有的员工都按照指标进行操作，这是麦当劳发展至今屹立不倒的秘诀，也是麦当劳分店人流再多、生意再忙，也能保证业务不乱的秘诀。所以，当你还在为团队生产出的残次品太多、业务操作不规范而烦恼时，不妨静下来反思一下，是不是团队缺少了一套工作标准，缺少一套细化的指标。

当一个团队没有标准和指标时，大家的行事方式就容易变得混乱，你觉得这样做是对的，我觉得那样做才对；你认为把工作做得差不多就行了，我认为必须做到完美才可以。这样团队成员就容易陷入意见分歧和无端争执之中，不但会导致内耗过大，还会影响团队工作气氛和人际关系。可以说，没有细化的指标，团队就容易陷入混乱。

俗话说：没有规矩，不成方圆。标准和指标就是规矩，就是“方圆”，它对团队作业的重要性不言而喻。当一个团队缺少标准和指标时，就很容易陷入混乱中，这是非常糟糕的事情。下面是企业因没有标准、没有指标的规范所产生的常见两大弊病，如图 1 – 3 所示。

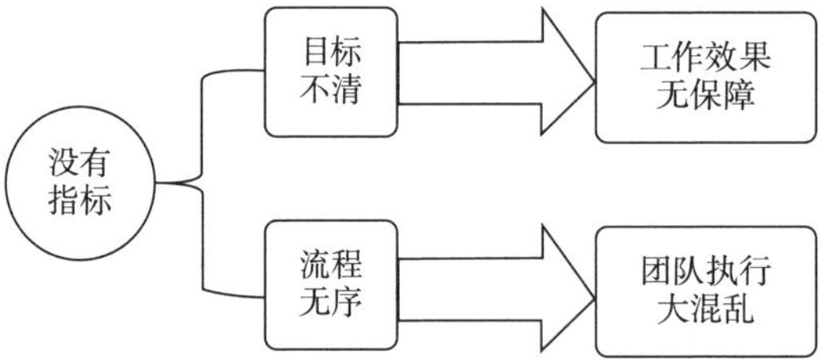

图 1 – 3　没有指标导致的两大弊病

(1) 目标不清造成的工作效果无保障。

在很多团队中，经常会遇到由于没有指标或指标不清晰，导致工作无目标，大家不知道应该把工作做到什么标准，做到什么效果。在这种情况下，不同的人做相同的工作，就很容易做出不一样的效果。对工作要求高的人，可能会把工作做得好一点，对工作要求低的人，很可能就把工作做得差一点。这样的工作效果是毫无保障的。

（2）流程无序造成的团队执行大混乱。

由于没有标准，一项工作原本应该按照一定的流程来进行，但是受到人的情绪变动的影响，往往会出现随意的行为，最终造成工作结果无保障。举个例子，采购人员带着资金外出采购，回到公司原本要上交账单，和财务交接工作。但由于公司没有明确的交接时间指标，采购人员可能会想，反正不着急，早一点对账、晚一点对账无所谓，迟迟不与财务对账。或公司没有明确的票据规定，采购人员利用假票据或手写收据蒙混过关。

要想用指标化管理保证团队业务不乱，管理者需要注意做好以下几方面的工作，如图 1－4 所示。

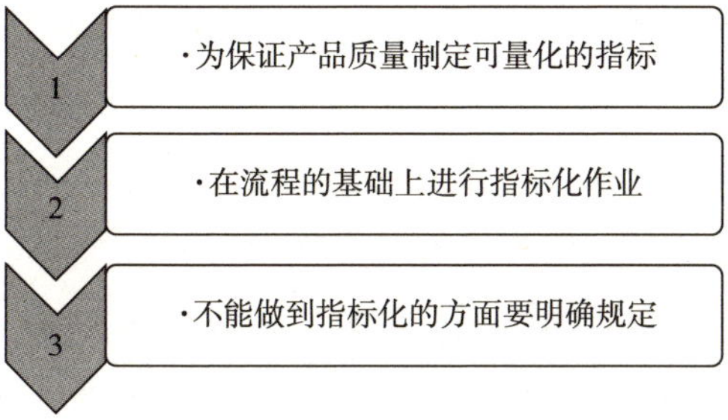

图 1－4　做好指标管理的三件事

（1）为保证产品质量制定可量化的指标。

如果想让客户认可你团队的产品，你就必须保证产品的质量，这是毋庸置疑的。保证产品质量要从细节着手，制定出科学的指标，要求全体员工严格按照指标去操作。以麦当劳为例，在保证食品质量方面，它们有一套长达 600 页的工作指标手册，详细规定了 2000 多条食品制造工艺指标。这就是麦当劳的汉堡包大小一样、可乐口味一样的原因。

按照常规思维，汉堡包的厚度一样、大小一样，简直是不可思议的事情。路边的包子铺，不能保证所有的包子大小都一样的，饭店也不能保证每一道菜不同时间的口味都一样。但是麦当劳做到了，这就是因为在产品质量方面有可量化的指标。

（2）在流程的基础上进行指标化作业。

每个团队都应该有一套科学的工作流程，有了工作流程就等于有了工作的标准。每个员工都按照流程去办事，自行负责相关流程枝节上的工作。就像生产流水线上的操作工人，每个人负责自己专区的工作，确保本专区的工作不出问题，顺利过渡到下一流程节点上。如此，整个生产流水线才能生产出高质量的产品。

对任何团队都是这个道理，工作开展的顺序，每个环节由谁负责，都应该在流程中有明确规定。每个环节的工作应做到什么标准，要有具体指标来考量。这样才能确保每个环节都不出问题，最终整个工作项目不出问题。

（3）不能做到指标化的方面要明确规定。

对于一些不能用指标量化的工作，团队应明确规定、细化规定。比如，日本东芝公司规定，女工严禁搽粉，男工必须刮净胡子，操作时绝对禁止说话、咳嗽、打喷嚏，以防空气振动，扬起尘埃。正因为有了如此严厉的卫生标准，我们才看到了东芝的电子产品“容光焕发、姣美可爱”，备受世界欢迎。美国格利森齿轮机床厂明确规定：凡进入车间的人，不论是路过还是干活，必须佩带安全帽，穿硬底皮鞋，并把领带掖在外衣里面。

1.5 人人头上有指标，事事执行有结果

企业作为一个以盈利为目的的经济组织和社会团体，必然要有自己的长期规划和战略目标。在战略目标之下，还要有长期目标、中期目标和短期目标。然后，再将短期目标分解量化到每个人头上，真正实现“千斤重担大家挑，人人身上有指标”。让每个人都为各自的目标而努力，这样的团队管理才是最简单的，这样的团队才是最能取得效益的。

“千斤重担众人挑，人人头上有指标”，意味着将责任锁定到每一个人身上。这样管理就变得简单了。每个人都以自己的任务指标为工作目标，到了期限公司予以绩效考核，谁完成了任务指标，谁没有完成，谁完成的质量好，谁完成的质量一般，清清楚楚，明明白白。再根据考核成绩对员工进行奖励，干得好的获得的奖励就多，干得不好的得到的奖励就少，甚至没有奖励。

一直以来，很多企业都存在一个问题：全体员工不知道公司的战略目标，甚至不知道公司的短期发展目标，也不清楚每天的工作是什么，要等待领导分配。有些管理者都不清楚团队的目标，抱着“先干再说”的心态。这显然犯了一个严重的错误。

现代管理学之父彼得·德鲁克曾在其名著《管理实践》中提出目标管理的概念，他认为并不是有了工作才有目标，恰恰相反，先有目标才能确

定每个人的工作。管理者必须将企业的使命和任务转化为具体目标，哪一个领域没有目标，这个领域的工作必然会被忽视。

作为团队管理者，应该通过目标对下级进行管理，在确定了团队目标后，必须对其进行有效分解，再转变成为每个人的任务指标，最后根据每个人任务指标的完成情况，对其进行考核、评价和奖惩。这样就会形成“人人头上有指标，事事执行有结果”的良性循环。具体来说，应遵循以下四个步骤，如图 1－5 所示。

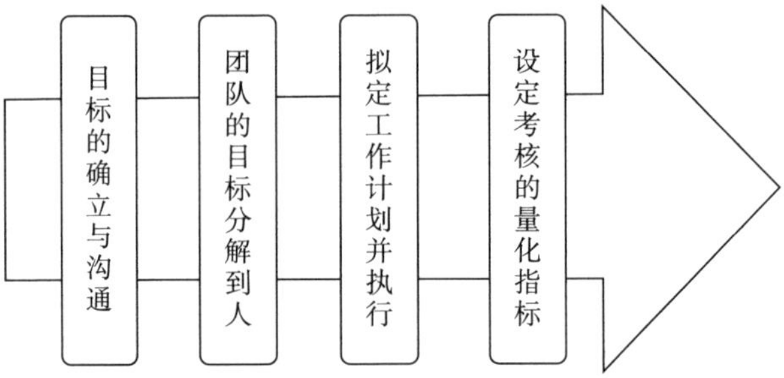

图 1－5　实现“人人头上有指标，事事执行有结果”的四个步骤

第 1 步：目标的确立与沟通。

每个月末、季末，管理者都应该对团队本月的工作进行深入的总结，主要是对本月、本季度的销量目标以及单项产品达成状况、竞品资讯反馈、市场状况等内容做一个总结。总结出本月、本季度工作取得的成绩，以及本月、本季度工作中存在的问题。

通过充分的交流，管理者和员工可以对企业外部环境有更充分的了解，在很大程度上消除信息不对称的现象，这是上下级相互理解、协调的前提条件。总结之后，团队管理者应确定下个月、下个季度团队的业绩目标。

第 2 步：团队目标分解到人。

在确定了团队下月、下季度业绩目标后，管理者还应把团队业绩目标分解到人，让每个人都有自己的下个月、下季度的业绩目标。通过将自我目标与团队目标协调一致，为接下来的工作指明方向。

需要注意的是，在分解团队目标的过程中，应采用参与决策的方式，上下结合共同参与目标的分解，并对如何实现目标达成一致。假设团队下月目标比本月提高了30%，在团队会议上，每个成员首先将自己本月目标乘以30%作为基准目标，然后每个员工可适当增减业绩量来确定自己下个月的工作目标。当然，要求下个月减少工作量的，必须说明困难，并就此提出相应的解决办法；要求增加工作量的，要与大家分享自己工作获得成绩的经验和方法。

鼓励大家参与决策的主要优点是能够诱导个人设立更有挑战性的目标，以激发大家的积极性。参与决策在很大程度上可以鼓励员工的士气，使他们获得被尊重感，对自己定下的目标产生满足感，也充满信心，这可以为目标的实现打下良好的基础。

另外，在分解目标的过程中，管理者有时候可以先不公布目标，而是采用投标的方式让员工自行确定下个月的工作目标，这样得出的总目标往往比原定的团队目标要高。

第3步：拟定工作计划并执行。

目标分解的过程，就是团队成员思考每一个数据是怎样评估出来以及如何去完成的过程。当目标分解完成后，团队成员对于下个月、下个季度的工作细节也基本清楚了。然后要根据每个细节的重要性与紧急性，安排好自己的工作。最后，就是全力以赴地去执行计划，争取完成乃至超额完成业绩目标。

第4步：设定考核的量化指标。

这是非常关键的一步，如果没有量化的考核指标，那么前面的三步工作很可能失去意义。要知道，员工努力工作是为了获得相应的回报，没有回报，谁还愿意拼命工作。没有人不关心自己的绩效奖金，没有人会跟自己的工资过不去。管理者要让员工明白，自己工作绩效的好坏，直接关系到个人收入，那么员工的积极性就会自觉高涨。不用你提醒，他们就能主动做好工作。这就是任务指标分解到人所产生的管理威力。

1.6
从散沙到城堡只需走好三步

被誉为“流程再造大师”的迈克尔·哈默曾指出，企业中有25%的员工在以低效的方法工作。为什么会出现这种情况？原因很简单：很多企业缺少评估、考核员工工作干得好不好的指标。

我们知道，企业的每一道工作流程都有若干个环节，每个环节应采取什么工作方法，需要把工作做到什么样子，需要多长时间等，这些都要靠具体可量化的指标去衡量、评估。有了指标，就有了衡量的标准和考核的工具，所以说，管理就是定指标、要结果。

在20世纪初的美国，汽车成为当时一项划时代的交通工具，每一辆汽车都是靠手工精心打造的，是有钱人的奢侈品。当时年轻的福特推出了A型车，并获得了丰厚的利润。正因为如此，福特才雄心勃勃，发表言论：“工人、农民才是真正需要汽车的人。我主张多生产低档车，特别是标准化的大批量生产，把便宜实用的汽车卖给这些人。这才是我们公司的长期战略！”

这番言论发表之后，福特公司并没有立即解决汽车大规模生产的问题。当时的汽车工厂组装技术十分落后，根本无法支持大批量、标准化的作业，福特一时也找不到头绪。偶然之间，他经过一家屠宰场，看到牛被送进屠宰场之后一系列的屠宰过程，豁然开朗。

第 1 步：工人先对牛进行电击；

第 2 步：牛被击晕后，工人对牛进行放血；

第 3 步：将牛吊起来，用电锯开膛破肚；

第 4 步：将各个部位进行分割。

这一系列过程，分别由不同的人来完成，大家各司其职，做好自己的工作。同时，又在流程的规范下，相互配合，共同完成牛的屠宰工作。看到这些后，福特突然明白了：如果利用这种流水化作业流程进行汽车组装，那么汽车批量化生产就会变得简单高效。

于是，福特公司在 1913 年推出了世界第一条汽车流水装配线，这种生产技术的诞生让福特公司在当时连续创造了汽车工业的世界纪录。1920 年 2 月 7 日，福特公司 1 分钟可以生产 1 辆车；1925 年 10 月 30 日，福特公司更是进步到 10 秒钟生产 1 辆汽车。这样的制造速度让同行汽车公司为之惊叹。

福特公司的标准化、指标化生产成为世界汽车行业以及其他行业的典范。它让我们看到标准化、指标化作业带给企业的巨大竞争力。在今天这个竞争激烈的市场中，标准化、指标化的管理方式，是企业能否在市场竞争中保持优势的关键，决定着企业在市场中的地位与价值。

对于一个没有指标的团队来说，他会在实际经营发展中，慢慢变成一盘散沙，失去凝聚力、竞争力。想让这盘散沙变成坚不可摧的城堡，说难也不难，其实只需要走好三步，如图 1－6 所示。

第 1 步：从市场和客户出发制定标准和指标。

制定科学的工作标准和考核指标，保证这些标准和指标能够确切地反映市场需求，反映客户的需求，这样才能确保生产出令客户满意的产品，使产品在市场上获得较高的满意度和美誉度，解决市场的战略问题。

第 2 步：建立以产品指标为核心的指标体系

建立以产品指标为核心的指标体系，即确保产品质量的稳定，并保证企业的生产效率，让企业能够在市场上具备快速反应的执行力、战斗力，避免出现企业刚刚占领市场就由于质量不稳定而退出市场的现象。

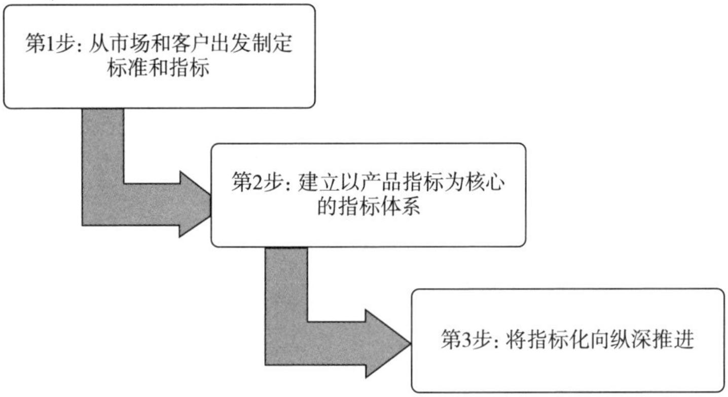

图 1－6　从散沙到城堡的三个步骤

第 3 步：将指标化向纵深推进。

将指标化向纵深推进，运用多种指标来支持产品开发，让企业具备超强的应对市场变化的能力，不仅能够在市场中占有一席之地，还能在市场中站得更稳，并不断扩大市场。

标准和指标是巩固企业城堡的支柱。想要让这座城堡华丽壮观、牢不可摧，就需要从实际出发，从客户的需求出发，制定科学的指标作为全体员工遵循的标准。对企业来说，要想赢得市场竞争，唯一的道路就是创新管理模式，建立指标化管理和指标化作业体系。

1.7

避开常见的“病态”指标体系

有一家食品公司为了让新品快速占领市场，打通销售渠道，制定了较低的任务指标，并明确规定：每月凡是超额完成任务指标的部分，一律按照3%的比例进行提成。结果，销售人员斗志昂扬，新品销量节节攀升，销售人员收入也同步增加。

与此同时，企业却发现盈利微乎其微，为了提高盈利水平，管理者只能不断提高任务指标，直到有一天80%的员工无法完成每月的任务指标时，问题彻底爆发了。由于销量上不来，激励力度跟不上，员工的积极性大打折扣，产品陈列、送货、服务等都无法保证时效性和质量。问到员工为什么会出现这种情况，给出的回答是任务指标太高，根本没法达成。

其实，这个案例反映的就是一种“病态”的指标体系，因为指标并没有从实际出发，对员工失去了激励性，对企业发展失去了推动力。其实，在指标化管理过程中，不论是绩效考核指标，还是员工的任务指标，都存在一些常见的“病态”问题。总结出来，有这样五种病态特征，如图1-7所示。

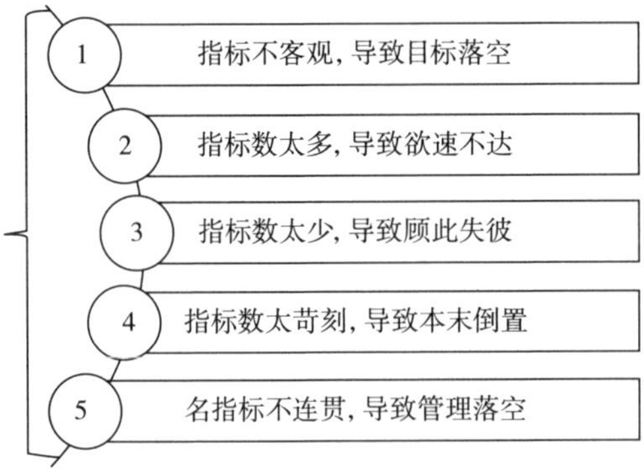

图1－7　病态指标体系常见的五种特征

病态特征1：指标不客观，导致目标落空。

指标不客观在指标体系中十分常见，主要表现为指标过高，实现难度太大，引发员工不满。就像上面例子中所讲的一样，高指标固然对应着高额的奖励，可问题是这样的指标实现起来基本无望，让员工不由自主地放弃了努力。于是，指标体系就失去了激励性。

现实中，很多管理者总希望把下属的任务指标定得高一点，留出讨价还价的余地，同时也给下属增加一些压力。而作为弱势一方的下属，为了更有效地对抗这种“强行摊派”，往往会提出增加相应的资源，于是又把“皮球”踢给上级。

比如，下属答应上级定的任务指标，但要增加人手费用、产品折扣力度等。企业的资源毕竟是有限的，上级答应的资源给不了，下属答应的指标完不成，最终双方共同承担责任。一旦有两方承担责任，也就意味着没有人承担责任。

所以，为了防止出现指标过高的现象，建议管理者多从实际出发，充分调研，权衡自身所拥有的资源，切勿盲目定指标。

病态特征2：指标数太多，导致欲速不达。

提到指标化管理，有些管理者恨不得马上就把指标体系应用到企业中来，相应的会制定各种各样的指标，如销量指标、盈利指标、营销费用指标、市场占有率指标等等。指标数太多，就像紧箍咒一样，套在员工的头上，会让员工倍感压力。

如果各个指标都是本着从实际出发的思路制定的，那还好说，就怕很多指标是管理者凭空拍脑袋定的，那样不切实际的话，就更容易打击员工的积极性。另外，有些指标之间是相互矛盾的，要想达成这个指标，就意味着那个指标无法达成，这会让员工无所适从。

病态特征3：指标数太少，导致顾此失彼。

简单而言，指标数太少指的是一些不可或缺的关键性指标被管理者忽视了。比如，利润指标涉及企业生产成本、管理费用、财务费用等。管理者觉得利润指标涉及太多问题，干脆不定了。殊不知，这是忽视了关键性的指标。

再比如，由于市场占有率这个指标很难测算，有些管理者认为不要了，结果公司的产品销量增加了，管理者沾沾自喜，却不知道，公司的产品市场占有率却在下降。因为同行其他产品的销量增加得更多。所以，忽视关键指标，单看其他指标只会让管理者蒙在鼓里，活在自我感觉良好中，这是很危险的。

病态特征4：指标太苛刻，导致本末倒置。

所谓指标太苛刻，指的是管理者对指标苛求完美，定得太细化，导致舍本逐末。要知道，在实际经营中，追求完美效果几乎是不可能的，也是得不偿失的。企业能做的只是在现有条件下，获得最经济、最满意的结果。就像产品制造业，能确保产品合格率达到99.9%就可以了。不足之处可以通过售后服务去解决。如果非要追求100%的合格率，生产成本可能会提高几倍乃至十几倍，这对企业来说是得不偿失的。

这个概念同样适用于绩效指标的设定。比如，有些企业在绩效指标设定中，规定促销前发多少张宣传单，促销场地必须达到多少平米，每天必须走访多少名客户，这些指标数字都特别僵化。其实，这是没必要的。如果员工最终能获得不错的促销业绩，你何必纠结于他发的传单数、走访的客户数没达标呢?

病态特征5：各指标不连贯，导致管理落空。

简单来讲，就是各个指标之间脱节了，一旦脱节，就会有空白区，即无法考核区。要知道，各指标之间应该是相互关联的，甚至互为因果的。比如，销量指标分解到人之后，最终通过各个员工的努力，来共同完成。如果销量总目标分解下去变少了，或变多了，最后不就造成员工都完成了各自的指标，团队总目标却没有达成吗？或导致有些员工没有完成自己的任务指标，团队总目标却完成了。这种局面就有些尴尬了。

总之，指标化管理是科学和艺术的结合，绝对量化且合理的指标体系是不存在的，单纯量化的指标又难以涵盖企业经营管理的方方面面。管理者需要做的是，找出并制定那些关系团队命脉的关键性指标，同时确保各指标之间保持有效衔接和统一。当然，各个指标尽量达到具体的、可衡量的、可实现的、具有合理挑战性的、有时间限制的等标准，这样的指标体系才是最有效的。

第2章

制定指标，带团队不再凭经验、靠感觉

定指标最忌讳的是凭经验、靠感觉，这无疑会使指标失去原本的公正客观性。如此一来，指标就没有价值和意义了。因此，团队管理者一定要科学调研、全面考虑，针对企业实际制定有效的指标。

2.1

工作指标化，管理才能规范化

正如盖房子要先打地基一样，规范化管理的“地基”是标准化、指标化。很多企业“盖房子”之前不打地基，一味强调发展规模，而忽视企业管理的基础管理。结果欲速则不达，往往在过快的发展和混乱的管理中迷失自己。

深圳有一家企业，在多年发展中不重视规范化管理，公司没有销售计划，也没有订单评审。每次接到订单后，公司领导就填写一张生产计划单给相关员工。相关员工根据生产计划单，去购买相应的材料开始生产。

通常情况下，该公司会要求客户给他们一个月至一个半月的期限生产货物。大多数客户都会提前40天下订单，可是由于该公司缺少科学的统筹安排，什么物料齐备就先做，结果车间的过道里堆满了半成品。

公司的关键性产品技术掌握在几个管理者手中，离开了他们别人就不敢拍板定论。每次光是试样产品就要两三次，有时候从试样到小批量试产需要半个月时间，个别款式的产品甚至在正式生产前就要耗费一个月时间。

每个月公司领导都会接到客户的投诉，原因最多的就是交货延期，其次是产品质量问题。公司领导经常忙着在电话中向客户解释、道歉，请求客户给他们宽限交货期。与此同时，领导抱怨生产人员不出货，生产人员则抱怨原材料供应不足、频繁插单打乱了计划……

公司内耗太多，效率太低，这是不重视指标管理的问题所在。很多公司一开始不重视指标的制定，直到出现问题才后悔莫及。当然，能够意识到问题出在缺少指标，还是比较幸运的，就怕出了问题还不知道症结所在。

近些年来零售行业竞争十分激烈，但永辉超市却实现了“弯道超车”，成为零售行业的一匹黑马。了解零售行业以及生鲜产品的人大概都知道，这是非常难经营的品种，但永辉超市却把它经营得有声有色，这一切都是它严格实行指标化管理所取得的成效。

那么，对于我们管理者来说，要想经营好团队，应在实行指标化管理方面注意什么呢?

（1）指标的制定要有鲜明的针对性。

制定指标是为了让企业生产、服务能力更强，为了让团队工作更高效，盈利水平更高。因此，指标一定要针对企业的实际，切勿为了定指标而定指标。对于那些意义不大、可有可无的指标，建议删除。只选关键性的指标，这样可实施性、可操作性才会强。

在这方面，零售企业胖东来就做得很好。胖东来能从零售行业中脱颖而出，除了高质量的服务外，还依仗标准化的管理。在胖东来有长达228页的《超市部蔬果课实操手册》，手册详细规定了64种常见水果和61种常见蔬菜的拣选、陈列、包装以及保鲜办法，确保所陈列的产品饱满、鲜艳，极少有坏斑烂叶。而且，手册是由经验丰富的老员工多年梳理总结而来的，完全从实践中来，具备极强的可操作性。

（2）指标的落实离不开制度的支持。

实行指标化管理的关键，就在于将指标落实到位。这就离不开企业制度的支持。很多企业之所以指标化管理实施不下去，就是因为没有配套的制度保障。

有一家汽车零配件制造厂，主要生产汽车内部的配件。尽管该公司在多年的经营中积累了不少客户，但近年来随着客户对零配件的要求不断提高，该公司已经有了失去老客户的趋势。原因是有客户经常投诉该公司的零配件不标准，装配到相应型号的汽车上无法实现完美对接。公司的管理者也一再强调产品质量，并制定了科学的配件生产指标，但到了生产时，员工执行就会走样。

更可气的是，员工不按指标生产，通常不会被惩罚。因为公司根本就没有针对指标落实制定一套奖惩制度。员工是否按指标做事，不影响自己的收入，不影响自己的职位晋升。在这种情况下，谁还老老实实地执行指标呢？所以，建议管理者一定要针对指标的落实制定一套奖惩制度，让不遵守指标的人受到惩罚，使全体人员严格落实指标。

2.2 严谨认真：定指标要充分调查研究

制定指标就像是高考，应该以严谨认真的态度去对待。这样才可能拿到高分，制定的指标才能得到更多人的认可。对于管理者来说，要想让指标人人信服，就必须立足于实际调查研究，以免指标偏离实际，对提高团队工作效率起不到应有的作用。

吉姆割草公司在给割草工定计酬指标时，就因为没有充分地调查研究，导致指标出了问题，无法对割草工起到激励作用。起初，公司是按天给割草工计酬的，即每工作一天给割草工多少工钱。在这种情况下，割草工每天割了500平方米的草坪。

几天之后，公司管理者在一次巡视中发现，割草工在工作时，慢慢悠悠，行为懒散，积极性大打折扣。按照这种精神状态去割草，很难在规定的时间内完成任务。意识到问题后，管理者召开高层会议，商议调整割草工的计酬指标——按照割草面积计算薪酬，即割草工割了多少平方的草，按照一定的指标，就可以获得多少薪水。

指标出台后，割草工的工作效率大大提升，每天可以割草800平方米。管理者在巡视中发现，割草工的积极性明显高了许多，走路的频率比以前快了很多，工作的专注度比以前高了很多。结果，割草工按照这一速度顺利地在规定的时间内完成了割草任务。

通过这件事，公司管理者意识到：定指标必须从实际出发，充分调查研究，制定出符合员工需求，也符合企业发展目标的指标，才能使企业和员工实现双赢。从此以后，吉姆割草公司对割草工就一直实行按照面积计算薪酬的策略。

无论是针对哪一方面制定指标，都应该本着严谨认真的态度，从实际出发，充分地调查研究。正所谓“没有调查就没有发言权”，同样的道理，没有调查就没有定指标权。不经调查胡乱定指标，只会让团队陷入到麻烦当中。指标不合理，不仅无法激励人心，相反，还会打击人的积极性，造成团队工作效率和企业盈利能力下降。

经常听到一些管理者说，当员工积极性不高时，要对员工进行语言上的激励。然而，真正能够带给员工激励的是实实在在的利益，要让员工看到努力工作可以得到好处，这样员工才会自动自发地去工作。

试想一下，当初吉姆割草公司的管理者发现员工积极性不高、工作效率低时，单纯地对割草工进行语言上的激励，强调工作要积极，恐怕是很难唤起割草工的积极性的。亦或是派人监督割草工，督促割草工加快工作进程，这样不能从内在激发割草工的积极性。唯有修改计酬指标，才是从根本上解决问题的有效策略。

我们强调定指标之前要充分调查研究，就是为了避免无的放矢，避免大炮打蚊子，大材小用。那么，在调查研究的时候，具体该怎么为定指标服务呢？如图 2－1 所示。

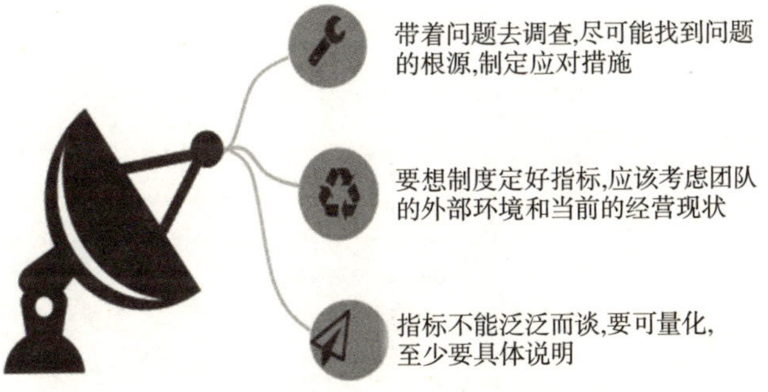

图 2－1　为定指标做调研应注意的问题

（1）带着问题去调查，尽可能找到问题的根源，制定应对措施。

当团队出现问题时，管理者最好亲自去调查，针对问题分析深层原因，然后制定一套管理制度。在制定制度的时候，要深入思考这样几个问题：团队想要通过定指标达到什么样的管理目标？想通过定指标解决什么问题？想要解决问题，需要从哪些方面下手？带着这些问题去调查研究，才可以做到有的放矢。

（2）要想制定好指标，应该考虑团队的外部环境和当前的经营现状。

要想制定一个适合团队的指标，管理者除了针对具体问题做调查外，还要结合团队的外部环境做研究，不能把团队指标和外部环境割裂开来。要知道，团队不是一个孤立的个体，团队成员也不是孤立存在的，团队随时会受到外部环境的影响。所以，结合外部环境来制定指标是很有必要的。另外，管理者还需要对团队目前的状况进行分析，根据团队目前所处的发展阶段制定发展指标。

（3）指标不能泛泛而谈，要可量化，至少要具体说明。

指标不能泛泛而谈，而要实现可量化，有具体的数据可以衡量。比如，工作完成率达到多少才叫合格？产品合格率达到多少才算优秀？这些都必须有可量化的指标。对于一些不能量化的内容，也应该有具体的说明，要让大家都能看明白。这样才有可操作性，才容易被贯彻实施。

2.3

切实可行：指标必须是可操作的

在管理实践中，经常听到管理者抱怨员工没有按照指标去做事，虽然这与员工本身的素质有关，但指标本身不合理、不具可操作性也是一个重要的原因。有些指标在制定的时候，管理者没有从实际出发，而是从理想的角度出发，定的指标偏离了实际，或指标定的太高，根本无法达成，这自然会影响指标的落实。最终，指标会沦为一纸空文。

有一家服装企业的老板，在公司运营取得一定的效益后，开始抓企业的指标管理。虽然企业最初制定了指标，但是很少有人按照指标执行。而且，几年前的指标已经跟不上公司发展的步伐，于是老板与高层管理者开始对公司相关工作内容进行调查，针对各项业务设定了指标。然而，在指标贯彻过程中，员工们怨声载道、抱怨连连。因为他们发现这些指标很多是不切实际的，再怎么努力也无法达到。最终，这家服装企业的指标化管理以失败收场。

指标是否具有可行性，直接关乎指标能否解决实际问题，能否贯彻实施。如果指标要求太高，太严格了，执行起来难度就会很大，效果就会大打折扣。这种指标虽然对解决实际问题很有效，但由于无法落实到位，最终还是起不到解决问题的作用的。因此，制定一个合理的指标尤其重要，它必须是切实可行的，是可操作的。

上岛咖啡自1997年成立于中国海南以来，一直保持着独树一帜的经营模式。在短短的20余年，上岛咖啡迅速发展壮大，其分店如雨后春笋，遍布祖国的大江南北。凭借轻松愉快的咖啡馆的气氛和一流的咖啡品质，佐以精心调配的美味餐点、甜点，以及健康自然的特色饮品，上岛咖啡赢得了广大用户的青睐，已成为国内最受欢迎的咖啡连锁餐厅之一。

如此大规模的上岛咖啡，之所以有条不紊地经营着，与它切合实际的指标化管理是分不开的。虽然连锁店已经超过了800家，但每家连锁店都是按标准和指标进行管理，各项指标得以贯彻实施，这对上岛咖啡的发展起到了巨大的推动作用。

那么，对于一个团队的管理者而言，怎样才能确保指标切实可行呢？以下三点是要注意的，如图2－2所示。

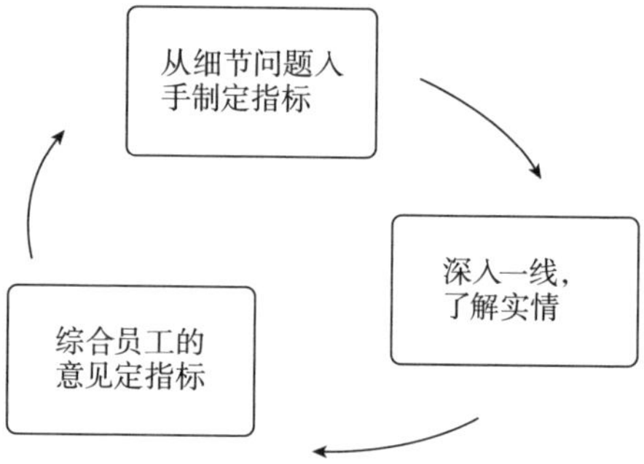

图2－2　确保指标切实可行的三个要点

（1）从细节问题入手制定指标。

不少企业管理者在定指标时，没有从细节问题着手，没有找出问题的症结所在。如此一来，就容易导制定的指标脱离现实，缺少可操作性。

有一家生鲜供应商与多家酒店签订了长期供货合约，规定每天早上7－9点向各酒店提供一定数量的生鲜。有一次，生鲜公司接到一家酒店的投诉电话，对方表示要和他解除合作关系，还要求他们赔偿损失。原因是他们提供的生鲜并不新鲜，有些甚至发霉、烂掉了，导致顾客吃了之后拉肚子，客户投诉酒店，索要赔偿，酒店自然把矛头对准了生鲜供应商。

生鲜公司老板接到电话后，非常震惊，但他并未意识到问题出在哪里，而是一味地斥责手下的员工，说他们做事不负责，居然把不新鲜的产品给了客户。他并没有想到，公司的生鲜在生产、包装、运输中缺乏各项细化指标的规范。

这个案例告诉我们，在制定指标时，切勿粗枝大叶、泛泛而谈，不能着眼于细节问题的指标是没有可操作性的，也是难以发挥应有作用的。时间久了，员工就会以一种应付的态度去对待。明智的做法是，用心发现细节上的问题，针对细节制定切合实际的指标，这样的指标才能对团队起到真正的规范作用。

（2）深入一线，了解实情。

有一家药品代理公司自从换了销售总监之后，便遇到了前所未有的困境。新的销售总监是一位来自德国的华裔年轻人，他不仅拥有经管学位，还在国际知名财经杂志上发表过管理方面的文章。该药品公司聘请他，就是想让他带领公司走上一条国际化的发展轨道。但事实并非如此，他在做决策、定指标时不能深入一线、了解实情，而是想当然地拍脑袋定指标，结果指标无法落实，公司发展陷入困境。

很多企业管理者之所以制定的指标不切合实际，一个重要的原因就是这些管理者不懂得深入一线、了解实情。不了解实际情况，就很难定出切合实际、可操作的指标。作为管理者，应该对一线的情况进行详细的考察和了解，掌握公司最基本的情况。为制定指标找到客观的依据，这才是企业具有高效执行力的重要前提。

（3）综合员工的意见定指标。

俗话说得好：不懂就要问。可是作为管理者，很多人不愿意向员工请教问题、征询意见，好像一旦向员工请教问题、征询意见，自己就失去了威信和影响力一样。其实，实际情况恰恰相反，懂得向员工请教问题、听取员工意见的管理者，不仅能营造民主的沟通氛围，激励员工参与到企业决策中来，还能集思广益，吸取众人的智慧，制定切实可行的指标。

某家民营企业，最近几个月营业额出现了下滑，老板有些困惑，当他看见员工懒散的状态时，认定营业额下降与员工的积极性不高有关。于是，公司出台了一系列规定来约束员工懒散的行为。殊不知，员工之所以积极性不高，与公司定的营业额指标过高、不切实际有关。大家想着反正努力也无法达成指标，那干脆就敷衍了事。如果当时管理者在定营业指标时，能和大家保持沟通，了解大家的想法，结果也不至于会这样。

管理者要明白一点，你所定的指标最终都是要靠员工来实现的。只有当员工认可你的指标，认为你的指标是可以达成的时候，你的指标才会对员工具备激励效果。因此，在制定指标时，不妨放低姿态，鼓励员工参与进来，或主动询问员工对指标的看法，综合员工的意见去定指标。如此，才更容易定出切合实际的指标。

2.4

目标导向：从目标出发来制定指标

企业每个时期都应该有一个清晰的战略目标，这个目标就是在这段时间内把企业发展到什么样的状态，如取得什么样的营业效益。然后，以这个目标为前提来制定相应的发展指标。这些指标就是企业奋斗的目标和方向。在这方面，日本经营之神松下幸之助为大家做出了榜样。

在日本松下电器的发展历程中，有一条重要的经营策略就是不断地提出新的发展目标，让员工有目标感。然后，围绕发展目标制定具体的指标，让全体员工为达成指标而努力。

1955 年，松下幸之助宣布了公司第一个五年计划：计划用五年的时间，把松下电器公司从一个效益为 220 亿日元的公司，发展成一个效益为 800 亿日元的公司。这就是一个具体的发展目标，也是一个具体的指标。

接着，松下幸之助又把这个大目标分解到每一年，让公司每一年有了发展指标。之后，他再把年度指标分解到每个员工身上，让每个员工明确这一年里自己的工作指标。为了激励大家完成自己的工作指标，松下幸之助公开承诺：谁能实现个人的年度工作指标，谁就可以享受到与西方发达国家相同的薪酬待遇。

经过五年脚踏实地的发展，松下公司的五年计划目标顺利实现，松下幸之助也兑现了对员工的薪酬承诺。从此，员工士气大振，松下电器公司走上了新的发展历程。

当团队有一个明确的发展目标时，管理者制定指标才有强力的依据，员工工作时才会充满激情。反之，如果团队没有明确的发展目标，管理者在制定工作指标时也是糊里糊涂，那么员工就会失去目标感。没有了目标感，工作起来就会失去动力。所以，聪明的管理者一定要学会以目标为导向来定指标。

身为管理者，当你发现员工执行力不强、业绩不理想时，不能一味地抱怨员工不努力。事实上，有时候不是员工不努力，而是员工不知道怎么去努力。因为企业没有给他们可量化的工作指标，导致他们不清楚这个月做出多少业绩才是达标的，才是符合领导期望的。这就很容易造成他们对工作产生迷茫感。

联想集团董事会主席柳传志曾说过："目标是最大的激励。"对于实行指标化管理的企业来说，工作指标对员工是最大的激励。作为企业管理者，最重要的一项职责就是以目标为导向来设定指标、分派任务，让每个员工都清楚自己要做什么、做到什么程度。

那么，管理者应该怎样以目标为导向来设定指标呢？

（1）制定一个可量化的目标。

为什么强调企业目标一定要可量化？道理很简单，那些笼统、含糊的目标，会让人不知所云。比如，某公司提出一个目标：要按照国际一流标准建设好队伍；还有公司提出目标：要打造一流的企业，要成为行业里的强者。这样的目标听起来很振奋人心，可实际上没有导向意义。因为你根本不清楚怎样才算达到了这个目标。

真正有效的目标是可量化的目标。哪怕是中长期目标，也应该具备可量化性。例如，有一家企业将公司的年度销售目标定为1500万元，利润达到500万元。这样的目标就特别具体，到了年底是否达到，财务一核算就清清楚楚。

除了量化目标之外，还应该量化目标完成的时间。举个例子，某公司提出完成1500万元的销售额，但是却没有确定多久完成这一目标，是一季度，还是全年？完成的目标期限一定要清楚明白，有了期限的目标才是有效的目标，才能对团队产生约束力。

（2）将公司目标分解为团队指标。

目标和现实之间有着一定的距离，尤其是目标过大时，让人觉得它与现实之间的距离很遥远。因此，最好将大目标分解为多个小目标，通过逐个实现小目标，最终实现大目标。举个简单的例子，假如一家企业想实现一年1000万元的利润，这是一个很大的目标，那就把大目标分解开来，分成12个月盈利目标。这样企业团队每个月为了一个小目标而努力，实现起来的难度就小一些。当企业逐月实现盈利目标之后，大家就会从中受到激励，从而更有动力去完成接下来的目标。

有一家高新技术公司的总经理，非常善于用目标激励自己、激励团队。每次开会时，他都会问员工这个月的目标是什么，并且要求这个目标是可以量化的。然后，总经理和员工一起讨论如何实现这个目标。比如，员工说这个月想完成20万元的销售额，那么老板会和他讨论如何将20万元的销售额划分到四个星期，每个星期具体要做什么工作。

这位总经理在目标的设定上做得非常好。事实上，只有清晰具体的目标才具有可行性，假如目标定得好高骛远、不切实际，让人觉得实现这个目标遥遥无期，这样人就会沮丧起来，目标也就难以达成。

因此，公司目标制定后，应将其分解到年度、各个团队之中，让每个团队在一定的时间内，都有一个工作指标；再将团队指标分解到各员工身上，让每个员工有一个清晰的工作指标。在这方面，日本大荣公司也做得非常出色。

大荣公司的管理层善于用团队目标来激励员工，公司总裁多次在会议上指出："提高企业利润可以赚钱，提高资金周转率也是为了赚钱，内部统一思想从本质上来说也是为了赚钱。"为此，他总是将公司的大目标公布出来，然后让中层根据大目标设定部门员工的工作指标，让大家在公司大目标的统一下，在各自工作指标的导向下去执行任务。

2.5

重点突出：定指标要抓重点和关键

管理者在制定指标时，不能眉毛胡子一把抓，不要想着方方面面都定指标。特别是在一些无关紧要的方面，如果管理者用硬性的指标去要求员工，可能起不到激励作用，反而会制约员工的积极性。

美国有一家家装设计公司，其主要业务是家居装修设计。公司规模虽然不大，但在美国家装行业小有名气。有一年，老板想提高公司员工的设计水平，特出台一项规定：员工每天上班的第一件事是拿出30分钟阅读关于时尚家居装修设计方面的报纸和杂志，以了解行业前沿的设计理念。

30分钟的阅读时间，是一项硬性的指标。全体员工只有在完成了这个指标后，才能开始一天的其他工作。如果谁没有完成这项指标，公司对其会采取相应的处罚措施。该指标出台后，最初员工都能认真遵守，大家认为公司的初衷是好的，鼓励大家阅读时尚前沿的资讯对提高大家的设计水平是有帮助的。

然而，一段时间后，这一指标的执行明显受到了影响。因为30分钟的阅读时间太过死板，而且必须先阅读30分钟才能开始其他的工作，这会严重影响重要工作的开展。另外，了解前沿的家居装修理念，不局限于看报纸、杂志，通过网络了解更方便快捷。每天早上是大家工作状态最佳的时候，把这个时间全用来看报纸、杂志，让人觉得有些荒唐可笑。

更可笑的是，公司老板并未意识到这项指标的问题，反而组建了一个小组来监督员工们对于这项指标的完成情况。在这种高压之下，一些优秀的设计师选择了跳槽。结果，这家家装设计公司也失去了原有的在家装行业位置。

用指标管理公司、经营企业，原本是一个很好的出发点，但由于在制定指标时没有突出重点，反而在无关紧要的方面大做文章，结果引发了员工的不满。由此可见，定指标一定要抓重点和关键，针对与企业发展息息相关的重点方面制定科学合理的指标，这才是确保指标发挥应有效力的关键。

管理者的时间和精力是有限的。高明的管理者往往懂得抓大放小，有所放弃。在设定指标方面也是这个道理，若能做到抓重点、抓关键，在大的方面设定具体的指标，让大家去遵守，企业就能在井然有序中稳步向前发展。

那么，突出重点地定指标，具体应该怎么做呢?

（1）管理者要认清企业发展的关键。

对于任何一家企业的管理者来说，都应该清楚公司发展的关键。所谓发展的关键，即做好哪些方面的工作才能促使企业良性发展。而不是想当然地认为，企业的方方面面都要用指标化去规范和管理。在这方面，著名的饰品品牌公司哎呀呀就做得很好。

哎呀呀创立于2005年，在总裁叶国富的带领下，凭借着特殊的营销模式和不断进取的信心和决心，以及卓越的创新能力、团队合作能力、富有激情的企业文化等，迅速占领了国内市场，成为女孩饰品的专家。2013年，哎呀呀更是获得了“中国500最具价值品牌”的称号，品牌价值突破了20亿元，跻身中国品牌500强行列。

一个小小的饰品公司，能够做到这么大的规模，简直算得上是一个奇迹。对此，叶国富曾说，哎呀呀的发展与各个连锁店采用的标准化管理是分不开的。这也是他本人对沃尔玛、麦当劳等知名连锁企业做过多年研究之后得到的经营秘方。

叶国富非常清楚，哎呀呀的发展离不开最新的产品知识、促销技巧和管理技巧。因此，他在这些方面下足了功夫，制定了相应的指标。包括每周都会开设讲座，对各加盟商进行培训。还在很多加盟店安装了 ERP 系统，为加盟商提供最新的数据。

哎呀呀每周一还会发一些新品种给各地的加盟商，加盟商拿到货物以后可以进行试卖，然后把信息反馈到总部，让总部了解新品的销售情况。叶国富说："在我们的 ERP 系统中，每半个月进行一次进货量统计，这样加盟商就会马上看到哪些产品销量第一，也方便他们及时补货订货。"正因为叶国富抓住了设定指标的重点，才会轻松地管理哎呀呀的所有连锁店。

指标太多，意味着条条框框太多，势必会给员工制造压力感。指标并不是越多越好，而要少而精准，即针对关键方面设定科学的指标。对于无关紧要的方面，则尽量不要设定无意义的指标。

（2）指标的描述要简明扼要，便于理解。

在设定指标时，一定要对指标的具体规定有一个简明扼要的描述。比如，这个指标希望员工怎么做？指标描述不清，可能会被员工钻空子，故意歪解，从而不去遵守指标。比如，某公司规定，员工每个月必须达到 90% 的出勤率，否则就得不到全勤奖。

这就是一条令人费解的指标，按照每月 22 个工作日来计算，90% 的出勤率意味着 19.8 天出勤。而且"出勤"指的是什么？是来公司打个照面吗？还是指按时上下班？如此定指标，倒不如换一种方式去定：员工每个月至少保证 20 天不迟到、不早退、不请假，否则，得不到全勤奖。这样是不是更容易理解呢？所以说，定指标切勿出现歧义，让人产生不同的理解。否则，指标看似具体，也很难如管理者期待的那样被完全执行。

2.6 民主决策：定指标不能“拍脑袋”

在做决策、定指标时，“拍脑门”的现象经常发生，特别是一些小公司老板，他们可能在某个晚上、在某次醉酒、在某次与朋友侃侃而谈之后，突然想到一个点子，想到一个指标。于是就“拍脑袋”定下一个指标，让全体员工去执行。

有一家营销公司，老板给采购经理定了一个工作指标——把年度采购成本降低10个百分点。没想到，采购经理把年度采购成本降低了12个百分点。老板很高兴，大加赞扬了采购经理，同时给了采购经理一笔丰厚的年终奖。可转眼老板就“拍脑袋”定了新一年的工作指标，他要求采购经理把来年的采购成本降低15个百分点。

采购经理听到这个命令，心里直叫苦，可嘴上不好意思顶撞老板，就笑着说，“我尽力而为，不过这个指标真的很难做到，我争取吧!”没想到，老板却很严肃地说：“不是争取，是必须达到。”就这样，一个工作指标定好了。

结果，那一年采购经理没有达到那个指标，被老板痛批一顿，还扣掉了一大笔年终奖，搞得采购部怨声载道，采购经理更是郁闷到极点。

这个案例中的公司老板，就是典型的拍脑袋定指标。在定采购成本指标时，他不经调查研究，不和团队商量沟通，就想当然地做出决定。这是有悖客观实际的。具体来说，要注意两点：

（1）全面考虑各指标的内在联系。

以上面的例子来说，单方面地要求降低采购成本，而不考虑原材料的质量和产品的质量，以及年度营业收入增长率、营业利润率，这是非常欠考虑的做法。因为采购经理如果想降低采购成本，完全可以走歪门邪道，比如，用劣质材料代替优质材料。这样采购成本就会大大降低。但付出的代价却是惨重的，产品因质量问题卖不出去，直接影响产品销量，继而影响企业经营效益。

到底为什么要降低采购成本？应该通过哪些措施、从哪些方面去降低采购成本？这是管理者应该认真考虑的问题。也许老板的初衷是觉得公司经营成本太高，然后不经过调查，误以为是采购成本过高造成公司经营成本过高。但实际上，造成经营成本过高的原因有很多，不一定是采购成本高造成的。

所以说，在定指标时不能随意拍脑袋、想当然，而要全面地考虑各个指标之间的内在联系，综合考虑公司的实际情况。

（2）采取民主协商的方式定指标。

要想制定科学合理的工作指标，除了综合考虑各个指标之间的内在联系，考虑公司的实际情况之外，管理者还应该采取民主的方式去决策，与指标执行者进行商量沟通，听取大家的想法，最后综合大家的意见，定出最佳的指标。在这方面，丰田汽车公司的做法值得我们学习。

著名的丰田汽车公司为了了解员工的看法，调动员工参与管理的积极性，在总厂和分厂设立了130多个绿色的意见箱，还准备了提意见的专用纸。每个月，丰田管理者都会打开箱子一到三次，如果员工的建议被管理部门采纳了，他们会得到相应的奖励。

丰田实行这种做法后，仅1980年一年，员工就提了859000条建议，比前一年增长50%，建议采纳率高达93%，由此奖励给员工9亿日元。据统计，丰田公司在实行员工参与制度的35年中，共收到442万条建议。丰田员工数为45000人，平均每人提了近百条建议。就算建议没有被采用，丰田也会给员工500日元作为精神奖励。如今，丰田设立了合理化建议奖，奖金数额高达20万日元。

在各项指标的制定上，丰田也设立了重奖，鼓励员工积极发表看法、献计献策。公司有专门负责收集、整理合理化建议的部门，他们把收集来的建议进行研究，评级发奖。在员工普遍参与决策和管理的氛围中，丰田公司一路高速发展，已经成为日本汽车制造厂中规模最大的生产厂家。

很多公司在定指标时，往往是几个高层管理者关起门来开会，甚至是某个高层领导拍脑袋决定的。但是丰田公司却不这么做，他们非常重视员工的意见和想法，想方设法鼓励大家参与到决策中来。这样做至少有以下三个好处，如图2－3所示。

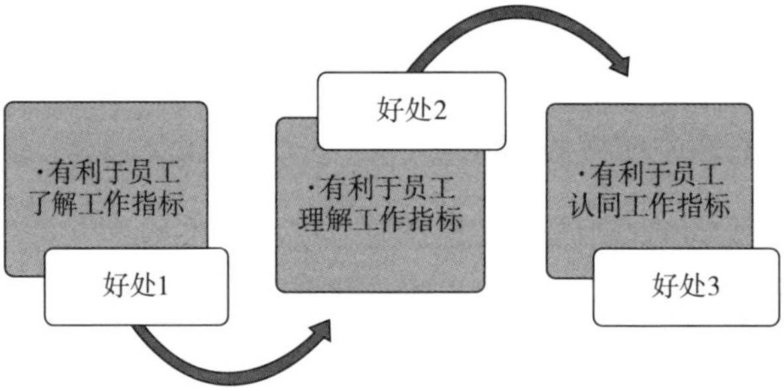

图2－3 民主决策的三个好处

首先，有利于员工了解工作指标。

很多时候，管理者给员工定的工作指标，员工并没有理解，不知道为什么定这个指标？由于不了解工作指标，就很难在执行中将指标落实到位。而让员工参与到指标的制定中来，意味着员工有机会了解工作指标。了解了工作指标，对执行指标是很有帮助的。

其次，有利于员工理解工作指标。

如果员工没有参与到指标的制定中来，往往不容易深入理解工作指标，不理解高层制定这个指标的真正意图。在这种情况下，员工也很难把工作指标落实到位。而让员工参与到指标的制定中来，鼓励员工提意见，对员工理解工作指标是很有帮助的。

再次，有利于员工认同工作指标。

由于员工参与到了工作指标的制定中来，他们会感受到公司领导的重视，很容易产生对工作指标的认同感。了解了、理解了工作指标，还要认同工作指标。这样员工才会与管理者心往一处想，劲往一处使，把工作指标落实到位。

所以说，鼓励员工参与到工作指标的制定中来，听取员工的高见是一方面，让员工感受到尊重和器重，促进员工对指标产生认同感是另一方面。如此，既能集思广益，吸收员工积极的想法，又能推动工作指标的落实。

2.7

持续完善：指标造就结果，结果完善指标

团队的各项指标定好之后，并不是一成不变的，而需要根据企业的发展情况，适时地灵活调整。比如，一项指标被屡次超额完成，说明该指标的标准定低了，管理者应该适时调高指标；反之，一项指标屡次无法达成，说明该指标定得太高了，管理者应适时调低指标。总之，指标是为团队发展服务的，要紧跟团队发展的步伐。

指标是用来干什么的？确切地说，管理者定指标为的就是用指标打造好的结果。如果一个指标不能造就好的结果，那么原因只有两个：一是指标本身不合理，二是员工没有把指标落实到位。为什么员工不能把指标落实到位呢？这里面的原因也有很多，其中一点是，员工没有把指标理解透彻，导致执行中出现偏差。

iPhoneX 准备上市时，孙经理让秘书帮他订 5 部，准备送给公司几位重要的客户。后来他发现别人的 iPhoneX 都用上了，而他的 iPhoneX 还没到货。一问秘书才知道，秘书是在苹果的官网上预定的，而正式发售期还没到。别人用的是通过“黄牛”买的，每台加了 1000 元钱。

在这个例子中，秘书为什么执行不到位？因为孙经理的指令不清晰。同样的道理，管理者在下达指标时，也应该确保指标清晰，确保下属理解透彻。否则，下属的做法与管理者的期望就很容易出现偏差，因为人与人

的想法是不同的，理解指标和问题的角度是不同的。

从秘书的角度来看，她选择多等一些时间，走正规渠道，不加价购买 iPhoneX，这无可厚非。可是孙经理希望早一点拿到 iPhoneX，早一点送给客户，哪怕加点钱也无所谓。鉴于此，孙经理在下达指令的时候应该这样说："给我订 5 部 iPhoneX，顶配的，白色，速度第一，可以加点钱，如果加价的幅度太大了，你再请示。"这样下达指令，相信秘书就不会误解，执行就不会发生偏差。

当然，要想指标造就好的结果，管理者需在下达指标的时候还要"以结果为导向"，向员工要结果。甚至可以针对指标的到位落实，设置相关的奖励措施。

> 某公司组织员工加班生产一款产品，老板对员工说："从明天开始，我们将在未来一周内，实行两班倒的生产计划，确保一周内生产 A 款产品 5 万件，而且要确保产品质量合格，必须完成这个任务指标。如果大家完成了这个指标，到时候公司组织集体出游，让大家去外面玩三天！"
>
> 接着，老板把车间主任叫到办公室，让他把员工分为两班，轮流上岗，白班夜班交替进行。三天后，再换回来，即原来上白班的员工上夜班，原来上夜班的员工上白班。通过一系列合理的安排和计划，老板下达的工作任务指标，在一周内顺利完成。老板很守信，兑现了组织出游的承诺。

在这个例子中，我们看到了指标是如何造就好结果的。从指标下达的那一刻开始，指标是否清晰、具体，下属是否理解透彻，执行计划是否合理，激励措施是否到位等，都关系到员工能不能把指标变成现实。

当指标造就了完美的结果之后，指标管理工作是否就结束了呢？没有，管理者还应该从结果倒推指标，反思指标是否还有调整的空间。对于上面的案例而言，老板在员工顺利落实了工作任务指标后，应思考一周完成 5 万件产品的生产任务，这个指标是否低了？以后如果有客户急着要货，是否可以下达“一周完成6万件（甚至7万件）”的任务指标？奖励是否太重？员工集体出游三天，所有的花费大概是多少钱？相对临时加班生产5万件的产品所获得的利润，值不值？如果以后有类似的临时赶货任务，奖励措施的标准是否要往下调整？

通过一系列的思考，管理者可以找到指标不完善之处，继而有针对性地调整指标、完善指标，这样的指标在将来才能更好地规范下属的执行，打造更好的结果。

要想指标造就好的结果，进一步完善指标，管理者具体应该做到以下几点：

（1）清晰地下达指标，确保员工把指标理解透彻。

作为管理者，在下达工作任务指标时，一定要确保指标清晰，确保员工理解透彻。严格意义上，下达一个不清晰的指标或指令，是管理者的渎职。

在下达指标时，管理者必须时刻提醒自己，把指标的具体要求表达得更清晰、明确，要把做什么、目标、完成时间、谁负责等说清楚、讲明白。这是指令能被落实的前提，也是管理者的职责。

（2）重点强调并营造“以结果为导向”的执行文化。

指标再好，指标再清晰，如果员工没有“以结果为导向”的执行精神，那么执行到位也难以保证。在实际工作中，为什么有那么多人喜欢找借口？就是因为他们缺乏“以结果为导向”的执行精神。因此，管理者要经常强调“执行必到位”“拿结果说话”，并重视绩效考核，而且针对执行结果，制定相应的激励措施，这样才能培养员工执行到位的能力。

英特尔公司总裁安迪·葛洛夫曾写过一本书，叫《高效率管理》，主要就是探讨如何让团队达到可预期的目标。他本人十分注重以结果为导向，他不仅要求公司内部的每一位成员定期设定可评量的目标，并依设定的时间表提出阶段性的成果。正是这种以结果为导向的管理模式，使得英特尔始终秉持着务实、创新的经营理念，无论在产品、研发或是服务方面，都能为客户带来最大的利益。

（3）根据结果反思指标，并适当调整指标。

针对指标达成的难易程度，判断指标是高了还是低了。如果一个指标执行起来太容易，那么它还有上调的空间。上调指标一方面是为了让企业更进一步，也意味着对员工提出了更高的要求。下调指标是为了让指标更符合企业实际，让员工更好地落实工作。最终，也是为了企业更好地发展。

第3章

坚决落实，别让指标成为“空谈”

为什么很多团队的运营指标最后成了摆设？原因是执行环节出了问题。指标再好，没有落实到位，也是一场空谈。所以，要想让团队走上规范化道路，唯一的办法就是坚决按指标办事，让结果说话。

3.1

坚决落实，别让指标成为“空谈”

在《执行力》一书中，作者保罗·托马斯和大卫·伯恩说过这样一段话：“满街的咖啡店，惟有星巴克一枝独秀；同是做PC，惟有戴尔独占鳌头；都是做超市，惟有沃尔玛雄居零售业榜首，而造成这些不同的原因，则是各个企业的执行力的差异，那些在激烈竞争中能够最终胜出的企业无疑都是具有很强的执行力。”

执行力是决定企业成败的一个重要因素，是21世纪构成企业竞争力的最重要一环，是企业的核心竞争力。没有执行力，企业就没有核心竞争力。通用电气、IBM、微软、戴尔、松下电器等企业之所以成功，与其强大的执行力密不可分。他们深知，制定战略目标和工作指标不是经营目的，把战略和指标落实到位才是经营目的。

美国戴尔公司在30多年的时间里，一跃成为世界最大的PC制造商。有人惊叹这是一个神话。很多人把戴尔公司的成功归结于它所实行的直销策略，然而全球有很多实行直销策略的企业，但真正成就卓越的并不多。为何戴尔公司能够成功？它的秘诀是什么呢？答案是：把任务指标落实到位。

在戴尔公司，管理者对于具体问题、细节问题十分关注，并且在30多年的发展中始终如一地坚持。与很多公司常犯“言出不行”的错误相比，戴尔公司具有言出必行的执行美德。每一名员工都必须尽职尽责地对待自己的工作，完成各自的任务指标。为了保证做到这点，上级领导都会监督下一级员工将任务指标落实到位。

正是由于每个戴尔人都重视具体指标的落实，戴尔公司所实行的订单生产才能取得最大化的经济效益。因为只有把每一个环节的工作指标落到实处，企业的存货周转率和资金周转速度才会保持在最佳状态。

要想把每一环节的工作指标落到实处，不仅要求员工明确自己的职责，认真落实本职的工作，还要求管理层将关注的焦点从美好的战略指标转移到具体的问题上来，然后制定可实现的任务指标和可执行的行动计划，并关注计划的落实情况。

一个企业要想取得卓越的成就，只有卓越的战略目标是不够的，还必须有具体的任务指标和脚踏实地的落实精神。正如欧莱雅（中国）有限公司的总裁盖·保罗先生曾说的那样：“一个企业要想取得成功，就必须既要像诗人一样有激情，又要像农民一样实干，只有诗人加农民才能站稳脚跟。”

（1）管理者自身要有强烈的执行意识。

一家企业是否有强大的执行力，很大程度上在于管理者是否有强烈的执行意识。团队的执行力是团队领导者意志的体现，如果领导者自身执行力不足，执行意识淡薄，在思想上又不重视监督下属的执行，那么企业的执行力是没有保证的。反之，如果管理者自身充满务实精神，以身作则去落实企业制度，执行各项任务指标，整个团队就会形成一股积极的执行风气。这一点在中国台湾企业家郭台铭身上有很好的体现。

郭台铭曾经有个客户，该客户在美国芝加哥是全世界最早做笔记型计算机的商人。由于该客户的供应商无法按时交货，他就找到了郭台铭，让他们开发产品。但是，郭台铭公司在设计产品的时候，由于没有考虑到美国湿冷的天气，导致开发出来产品由于材料的原因，无法适应芝加哥的寒冷天气。

为此，郭台铭身兼业务之职，提着皮包就去了美国，连夜跟客户去做检查。他坚守一个原则：即使赔钱，也要给客户换货。到了工厂，他把全部有问题的产品从生产线上挑出来，几乎把客户不满意的产品重新生产了一遍，然后再空运到美国。

在郭台铭前往美国帮客户找问题、解决问题、换货的同时，位于台湾总部的所有团队都在24小时不休不眠地研发和生产。郭台铭在美国亲自指挥，经过三天夜以继日的研发和生产，最终保证提供给客户的产品符合所有的指标要求。

可以说，要完成郭台铭那样紧迫的任务，没有超强的执行力是不可能的。在完成那项任务的过程中，郭台铭和全体员工战斗在一起，很好地鼓舞了员工，振奋了士气，同时，让员工从他身上看到了超强的执行力。

（2）要重视监督下属对工作指标的落实。

阿里巴巴集团创始人马云曾经说过：“一切的理念、想法、战略如果不能落实到结果和目标上面，都是空话。”在管理实践中，我们经常听到有人说：“我努力了，我尽力了！”但就是没有解决实际问题，没有完成具体指标，为什么会这样呢？

东北有一家啤酒厂由于经营不善，陷入了困境之中，面临破产。后来，德国一家大型啤酒公司收购了这家啤酒厂，大家以为德国公司会对这个烂摊子进行大刀阔斧的改革。可是出人意料的是，德国公司只派来三个人，一位副总经理、一位总工和一位财务总监。啤酒厂的制度没变，相应的生产指标没有变，机器设备没有变，只是坚决落实了各项制度，严格落实各个生产指标。结果一年后，这家啤酒厂扭亏为盈，重新焕发出生机。

制度还是原来的制度，生产指标还是原来的生产指标，设备还是原来的设备，员工还是原来的员工，但是原来濒临倒闭的啤酒厂却死而复活，原因何在？其实很简单，引起这场巨变的根本在于德国来的副总经理重视抓执行，重视监督下属任务指标的落实。由此可见，员工的执行力不是天生的，而需要管理者加强监督。

日本软银公司的董事长孙正义曾说：“三流的点子加一流的执行力，永远比一流的点子加三流的执行力更好。”好的战略、决策、指标固然重要，但如果管理者不去监督员工的执行情况，这些战略、决策、指标是没有意义的。

3.2 设定高标准，严防执行打折扣

同样是完成工作任务，有些人能做到100分，有些人只能做到60分，为什么效果大不相同？一方面与执行者的责任心、能力素质有关，另一方面也与企业给员工定的要求和标准有关。如果管理者给员工设定较高的执行标准，并设定相应的奖惩措施，那么往往能有效地激发员工的执行力。

一位音乐老师给学生一份超高难度的乐谱，学生一边翻乐谱，一边小声地嘀咕着：“这太难了，简直不知道怎么下手。”在老师耐心地教导下，学生每天不停地练习。每次老师听完他的弹奏，都会说：“还不熟，回去好好练习！”

学生练了两个星期后，老师又给了他一份更难的乐谱，继续让他每天练习。突然有一天，老师给了学生一份难度较低的乐谱，学生发现弹奏起来非常轻松。老师肯定他道：“这就是高标准、严要求带给你的蜕变。”

从这个例子中可以看到高标准、严要求带给一个人的能力和执行力的提升。在落实指标时，管理者也应该像那位老师一样，对员工提出高标准、严要求，鼓励员工把工作指标不打折扣地落实到位。

高标准和严要求是指标落实到位的保障，是提升执行效果的重要手段。当员工有了明确的标准时，他就知道工作应该做到什么样子，就不会盲目地执行，更不会产生“差不多就行了”的念头。

那么，设定高标准时要注意什么呢？以下三点值得注意，如图 3－1 所示。

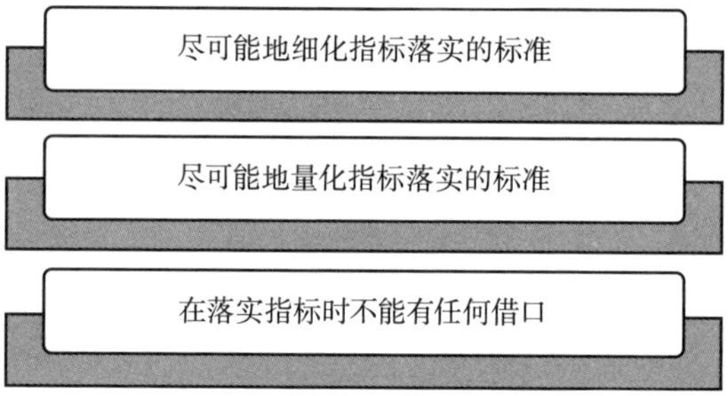

图 3－1　设定高标准要注意的三个要点

（1）尽可能地细化指标落实的标准。

要想不打折扣地完成工作任务，保证工作达到相关指标要求，管理者应该尽可能地细化指标落实的标准。在这方面，我们可以借鉴麦当劳的做法。

在麦当劳，各项工作都有明确的指标落实标准。比如，牛肉必须是 100% 的纯牛肉，所有原料供应来源必须符合国际标准，并要通过 40 多项指标的严格检测。再比如，炸出来的薯条在保温箱最多只能保存 7 分钟，超过了 7 分钟就必须扔掉。正是这些看似微不足道的执行细节，铸就了麦当劳经久不衰的神话。

（2）尽可能地量化指标落实的标准。

在设定高标准时，除了规定各个环节应该怎样做，还应该具体规定做到怎样的程度，这就要求尽可能地量化执行的标准。比如，一家沙发生产厂家规定，每套沙发的边角木料打 40 秒，每个沙发位贴皮 3 分钟，安装好一套沙发 20 分钟等等。这些标准就非常具体，是可以量化的指标。

再比如，某公司在接待来宾上有量化的执行标准，包括接待对象、陪客人员、接待场所、接待标准等，都有具体的限制，并实行标准额报销法。比如正餐人均不得超过 50 元，早餐人均不得超过 20 元。对于超额的部分必须由接待人自行承担，这样就很好地杜绝了利用接待机会大吃大喝的现象。

（3）在落实指标时不能有任何借口。

“没有任何借口”，这是美国西点军校最重要的行为准则之一。这条准则传达的理念是：每一位学员都应该想办法完成任何一项任务，而不应该为没有执行到位找借口，更不应该找借口不去执行，哪怕这些借口看似合理。这条准则的核心是服从、责任、诚实、敬业。

管理者在带团队的时候，也应该强调这种执行理念，它对提升团队的凝聚力、建设团队文化、打造团队的战斗力非常有利。回想工作中，经常有人会找借口，“我本来可以早到的，但是天气不给力，竟然下雨了，导致我迟到了。”“不是我服务不到位，而是那个客户太挑剔了，我无法满足他，只好敷衍他了。”“我没有按时完成任务，是因为我……”

每个借口听起来都是有苦衷的，但实际上是给自己找理由，逃避困难。对于落实指标、执行任务来说，找借口是特别不好的习惯，它会造成指标落实不到位，工作任务无法完成。管理者要认识到，如果员工在每个环节上都打个折扣，都降低一些质量标准，只执行99%，那结果可能是这样的：90% ×90% ×90% ×90% ×90% =59.049%。

通过这个公式我们可以发现：打了折扣的执行，等于指标落实不到位。战略决策在执行过程中一旦打折扣了，就会偏离方向；工作指标在落实过程中一旦打了折扣，就意味着质量有问题，产品不合格。

世界上每天都有企业破产，它们破产往往从1%的执行折扣开始，最终导致100%的失败。正如一位著名管理学家说的那样：“从你手中溜走1%的不合格，到了用户手中就会变成100%的不合格。而一旦用户对你的产品失去了信心，结果就是你的产品卖不出去，企业运转失灵，最后关门。”

3.3

把人才放在最合适的位置上

知人善任是用人的原则。知人善任，就是要把人才放在最合适的岗位上。它包含两方面的内容；一是知人，二是善任，即先了解清楚员工的能力和特长，再将其放在能够充分发挥其能力的岗位上。谁能做到这两点，谁就可以轻松高效地带团队。

本田公司是著名的世界500强企业之一。当年，本田公司的创始人本田宗一郎接受日本权威经济媒体《日经商务》专访，在被问道“为什么你能如此迅速地取得成功”时，他是这样回答的：

“用一句话来讲，本田公司之所以能够迅速崛起，归根结底是因为我们没走弯路。说到底，我只是一个工程师，我只懂技术方面的事，即使有其他可赚钱的买卖也干不了，也没有去做的勇气。因此，我把企业管理和财务方面的事都交给藤泽来管。能与藤泽合作是我最幸运的事，本田公司也因此才发展到今天的规模。”

本田宗一郎擅长解决技术问题，但对理财不甚知晓；藤泽不懂技术，但擅长筹集资金，推销产品，管理企业。有人曾对他们两人做过一个很恰当的比喻：技术之本田、经营之藤泽，犹如汽车上的两个轮子，是最理想的分管经营模式。

对于本田公司的成功，日本索尼公司的元老井深大也做过评价：“本田是一位百分之百信任藤泽才华的天才技师，藤泽是一位使本田百分之百发挥才能的精明经营者。”

假设当年的本田宗一郎没能发现藤泽的才华，或是缺少将企业管理权交给藤泽的气魄和胆识，恐怕也不会有本田公司如今的成就。由此可见，根据人才的能力，将人才放在最适合的岗位上，是管理者带团队的不二法宝。

那么，怎样做才能将人才放在最适合的岗位上呢？

（1）充分了解员工的能力和特长。

管理学大师杰夫曾说过：“善于发现人才还是第一步，只有用好人才，才能真正产生效益。”因为每个员工都有自己的特长和优势，只有把员工放在最合适的岗位上，把最合适的工作交给他们，他们才会发挥最大的潜力，把工作做到位。

喜欢篮球的管理者对 NBA 著名球员罗德曼肯定不陌生。在加盟公牛队的第一天，教练菲尔·杰克逊就对他说：“在这里，你唯一要做的只有一件事情，就是每一场比赛必须抢下 15 个篮板。至于你能得几分，哪怕得零分，都没有关系。但你要记住，抢篮板才是你最应该做的事情。”

杰克逊为什么让罗德曼担负起抢篮板的重任？因为据他对罗德曼十分了解，罗德曼拥有抓篮板方面的天赋和特长。打过篮球的人都知道，当篮球撞上篮筐后再弹回来时，很多个子高的球员一伸手就能抓到篮板，罗德曼虽然身高不具备优势，但他的弹跳力惊人。而且大多数人在起跳时，要让膝盖弯曲一点，再弹跳起来，但罗德曼可以直上直下、连续起跳。再者，他能很好地判断篮球落点。因此，他总能在第一时间抢到篮板。

在当年的公牛队，乔丹是最伟大的得分手；在防守方面，罗德曼是一道铁闸，他对篮板的保护是球队赢球的关键之一。当然，智慧的教练懂得把球员放在最合适的位置上，让球员做自己擅长的事，这才是球队赢球的关键。就这样，罗德曼在公牛队的体系中，锻炼成著名的“篮板王”。

带团队也是这个道理，管理者首先要充分了解员工的能力和特长。但是，员工的能力和特长不是一眼就能看出来的，尤其是刚招聘入职的员工，需要你从他的工作表现中去发现其长处。这就是为什么企业界有试用期的原因，试用期就是用来考察人才是否能胜任工作的，也是用来发现人才特长的。具体来说，你可以通过以下方法了解人才的长处。

①在日常工作中注意观察员工的表现，看看他做什么工作效率高、完成质量好，做什么工作费劲又没成效，必要时作好记录。

②与员工沟通，问他擅长什么，鼓励他们去争取那些能够展示自我、发挥特长的机会。

③多给员工展示自我能力的机会。有时候，员工并不知道自己擅长什么，因此，企业应该多给员工展示自我能力的机会，让他们多尝试、多体验不同的工作，从中发现自己擅长的工作。

2. 根据员工能力进行岗位安排。

了解员工的能力和特长之后，再根据公司岗位需要，将其放在最合适的位置上，确保人才能够充分发挥自身价值。下面就提供几种正确岗位安排的参考，如图 3－2。

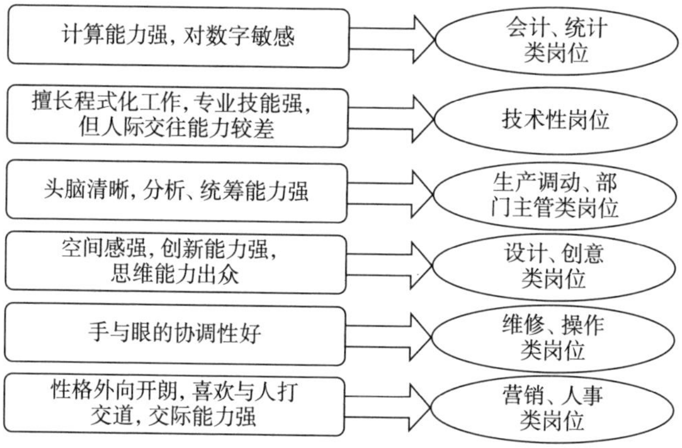

图 3－2　根据人才的特长安排岗位

以上只是简单归类，具体来说，人的能力千万种，远远不是以上几类就能概括的。管理者可以根据自己的经验去补充它，但有一条原则必须坚持：人才的长处是岗位安排时管理者应考虑的第一因素。

（3）给员工主动选择岗位的机会。

一个人做自己不擅长的工作是很痛苦的，如果员工在不适合自己的岗位上挣扎，而管理者却蒙在鼓里，员工和企业会两败俱伤。因此，管理者在安排员工的工作岗位时，应该听取员工本人的意见，给员工主动选择岗位的机会。管理者可以通过以下方式（如图 3－3 所示）让员工去选择自己喜欢的工作岗位。

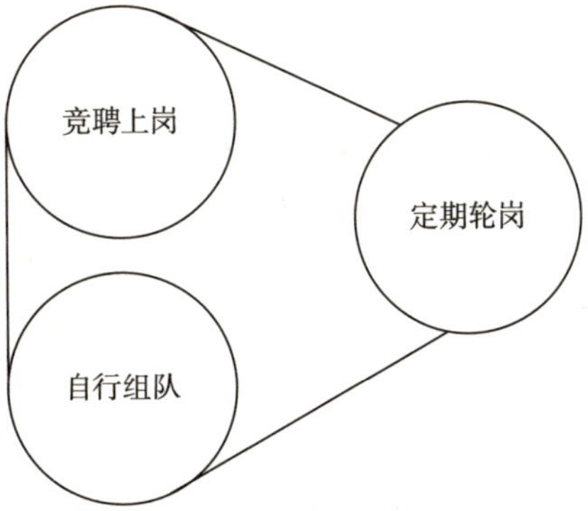

图 3－3 让员工选择工作岗位的三种办法

①竞聘上岗。员工可以平等参与岗位竞聘，由企业组织考官进行评审，经过一系列测试后，胜出的员工可上岗。

②定期轮岗。通过定期轮岗的方式，让员工体验不同的工作，从而找到自己最擅长、最喜欢的工作，最终确定最适合员工的工作岗位。

③自行组队。采用团队管理办法，让团队内的员工自行配置角色。比如，采取项目工作制，以项目为单位，组织员工去攻关，让员工自己去找合作伙伴，组成一个小团队去完成相关的项目。在这个过程中，管理者可以发现最适合员工的工作岗位。

总之，让员工在最适合自己的岗位上，他们的能力才可以得到最大化的发挥。他们在落实指标、执行任务的过程中才能够表现得更好，确保指标落实到位。

3.4 充分授权让员工放开手脚去干

一位企业老板说："很多人把事必躬亲当成一种美德，刚创办公司时我也不例外，但随着公司的规模越来越大，我越来越觉得事必躬亲的负面作用很大。虽然我还是那么能干，但公司的整体工作效率却不见提高，我逐渐认识到这是事必躬亲带来的恶果。"

詹姆斯是美国一家家装公司的老板，虽然公司规模不小，但其依旧采用作坊式的管理模式，对公司的所有事务都要把关：哪个管理者做什么，该怎么做；哪个员工做什么，该怎么做，他都会细致入微地布置。

有一次，他好不容易抽出时间和家人去迈阿密度假，可是在这短短的两天旅游期间，他的手机铃声不停地响起，还收到了很多封邮件，而这些来电和邮件大部分是琐碎的事情。结果，詹姆斯不得不远程管理，告诉员工应该怎么处理问题。这使他的假期非常糟糕，家人非常不满。

管理者能力再强，一天也只有24个小时，管得太多，管得太杂，只会累死自己。同时，还会导致员工对管理者过于依赖，缺乏主动性、创造性和执行力，以至于公司离开了管理者便无法正常运转。如果想提高员工的执行力，提高团队的运转效率，最有效的办法就是充分授权，让员工放开手脚去做事。

沃尔玛创始人山姆·沃尔顿曾经说过：“一名优秀的经理，最重要的一点就是懂得授权和放权。”他认为在管理中，领导者必须分清哪些是战略性的工作，哪些是战术性的工作，哪些工作应该自己做，哪些工作应该让下属去完成。这样才能满足员工自我成长、获得成就的心理需求，同时为企业的发展增添动力。

美国思科公司的总裁约翰·钱伯斯有个绰号，人称“史上最乐于授权的总裁”。他自己也是这么认为的，他曾说：“也许我比历史上任何一家企业的总裁都更乐于放权，这使我能够自由地旅行，寻找可能的机会。”

“最有能力的管理者并不等同于大权在握、搞集权统治，一群人总是能打败一个人的，如果拥有一群得力的助手，就有机会创建一个优秀的团队、优秀的企业。但如果你不敢把权力授予助手们，那么他们的才能便无从发挥。这样一来，你的部门的效益就难有提高，你的影响力也将受到影响，这对你掌权非常不利。”这是钱伯斯经常对下属说的话。

钱伯斯认为，企业管理者根本不需要大包大揽、事必躬亲，关键在于合理地安排人员做事。他说：“很久以前我就学会了如何放手管理，你不能让自己成为障碍，打造一个高增长率公司的惟一办法就是聘用在各自的专业领域里比你更好、更聪明的人，使他们熟悉他们要做的事情，要随时接近他们，以便让他们不断听到你为他们设定的方向，然后，你就可以走开了。”

在思科公司，高层管理者只负责确定战略和目标，建立公司所需要的文化，然后将权力下放给部属，让他们去执行或在一些不那么重要的事情上做决策。这样一来，公司的许多事情相当于由最了解情况的基层员工决定，这很好地保证了决策的质量。正是在这种授权文化中，思科公司迎来了一个又一个高速发展时期。

每个人的时间、精力、知识和能力都是有限的，管理者不可能事事亲力亲为，想让管理更有成效，让员工把指标落实到位，就要学会充分授权，给员工施展才华的空间，激发出员工无限的潜力，让整个部门的每个员工都动起来。

哈佛商学院的管理学教授迈克尔·波特曾表示："领导者唯有授权，才能让自己和团队获得提升。"当你意识到下属有能力完成某项工作时，就应该赋予他们充分的自由和权力，而不是牵制他们的行动。这样才能充分调动他们的积极性、主动性及创造性，下属也才有机会大展身手，而不会因空间狭小、领导的不支持不信任而束手束脚。

那么，在充分授权时要注意什么呢？以下四个原则值得借鉴，如图3－4所示。

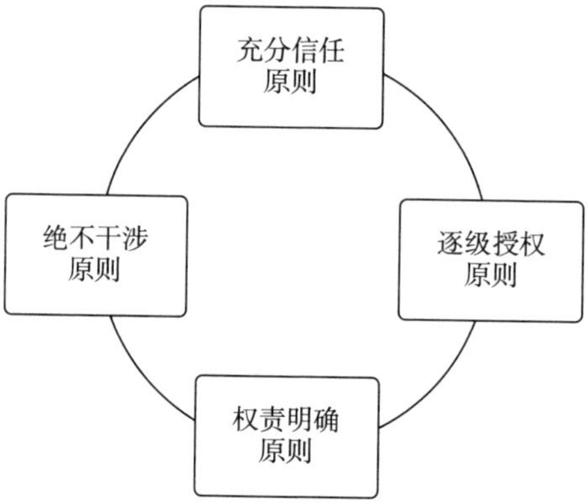

图3－4 充分授权的四个原则

原则1：充分信任原则。

有一次，四川一个客户欠星月集团130万元货款，胡济荣派员工王虎去催要。当时，王虎打电话请示胡济荣具体该怎么催款，胡济荣说："全权交给你办，不要有心理压力，只要不违背原则，怎么处理都可以。”后来，王虎一分不少地把那130万元货款要回来了。

在向员工授权时，一定要对员工充分信任。这样可以激发员工的自信心和执行任务的积极性，员工往往会不辱使命，尽己所能去完成任务。这就是充分信任原则所产生的激励效果。

有一年，李嘉诚去汕头大学出席学校的董事会，汽车行驶在途中他突然接到公司一位经理的电话，说有一笔10亿港元的生意等着李嘉诚签字。李嘉诚说：“我不签字，你自己看着办吧，能做就做，不能做就算了。”说完就把电话挂断了。这个经理当时愣住了，他以为听错了，于是再次打电话给李嘉诚确认，这才得知原来没有听错。

李嘉诚在授权时充分信任员工的做法，使员工无比感动，他们对李嘉诚十分敬佩。因此，员工们一个个干劲十足，充分施展自己的能力为企业谋发展。

原则2：逐级授权原则。

管理者尤其是中层管理者应该明白，自己所掌握的权力是有限的，在授权的时候应该把权力授予自己的直接下属，如果越级授权，不但会扰乱管理者之间的权限关系，还会造成责任纠纷，引起团队内部的人际矛盾，这对凝聚人心是极为不利的。

在企业管理中，经常有这样的情况发生。贾总对下属说：“小张，你负责攻关A客户，争取拿下这笔重要的订单。”下属说：“易总（易总是贾总的下级）让我负责B产品的宣传策划活动。”贾总说：“没事，宣传策划活动你先放几天，先去把那个客户拿下来。”

在这里，贾总就是在越级授权，这不禁让下属很为难：到底听谁的呢？也使得易总的权力被架空，导致易总交代的工作无法按时落实。这样很容易削弱下级管理者的威信，不利于凝聚团队人心。因此，不到万不得已，不能越级授权。

原则 3：权责明确原则。

当管理者授权于下属时，授出去的不只是“权”，还有“责”。因为权责是统一的，下属接受领导的授权，也意味着要承担没做好这件事的责任。这样可以防止下属滥用职权，增强下属的责任感，从而认真执行工作。

下属被上司授权，就应该对上司负责，通过逐级对上负责，最高管理者可以把权力统一起来，实现总揽全局的目的。当然，为了鼓舞下属的斗志，让下属放开手脚去执行，管理者可以适当宽慰下属：“你放心去做吧，万一做不好，有我为你担着。”这样既能给下属加油打气，又让下属无后顾之忧。

原则 4：绝不干涉原则。

希尔顿 21 岁时，父亲让他担任一个旅店的经理，同时，转让了部分股权给他。然而，让希尔顿非常恼火的是，父亲虽然授权给他管理这家旅店，但经常干涉他的工作。正是因为年轻时亲身体验了有职无权、处处受约束的感受，所以，后来当他成为希尔顿饭店的掌门人时，他在授权给下属之后，绝不轻易干涉下属，被授权的下属才能充分施展自己的才华。

授权以后决不去干涉下属，这是管理者自信的表现，也是信任下属的表现。如果你不信任下属，就不要把权力授予给他。正如美国内陆银行总裁 D·拜伦曾说过的那样：“授权 D·拜伦给他人后就完全忘掉这回事，绝不去干涉。”这样的授权才能激励人心，确保下属充分发挥价值。

3.5 有计划的执行让结果更圆满

古语说：凡事预则立，不预则废。杂乱无章的工作堆积起来，以及毫无计划的不良习惯，势必会造成执行效率大打折扣。要想在有限的时间内有条不紊地完成各项工作任务，就有必要在执行之前，制定科学合理的计划，然后坚决地按照计划去行动，这是提高执行力和工作效率的重要保障。

经营管理之父法约尔曾说，管理就是计划、组织、指挥、协调、控制。计划是管理的首要职能，管理始于计划。同样，计划也是执行的首要环节，执行始于计划。美国某公司董事长赖福林曾经说过：“你应当计划你的工作，在这方面所花的时间是值得的。如果没有计划，你始终不会成为一个工作有效率的人。工作效率的中心问题是：你对工作计划得如何，而不是你工作干得如何努力。”

其实，无论是工作中，还是生活，都应有计划和安排。有了计划，工作就有了明确的目标和具体的行动步骤，执行就会有路线、有方向，这就增强了执行的主动性，减少了盲目性，使执行有条不紊地进行。

中海壳牌是一家十分重视按计划执行的公司，在这里，计划几乎覆盖到每一项事务。做计划也成为各级管理者的基本功，是壳牌文化的一种体现。这很好地保证了日常工作能够按计划进行，自然保证了执行力。在壳牌，即使是一次平常的外出访问或一次集体外出活动，都必须事先精心计划、周密安排。2003年，壳牌组团去中国石化广东茂名石化公司参观，就是非常典型的例子。

2003年4月，开工总经理约翰·史蒂夫受上级安排，准备带队去茂名石化访问，于是，史蒂夫让属下一位中层管理者负责组织和协调这次访问的有关事宜。访问前，他让属下制定一个访问计划。由于同处广东，惠州市与茂名市只相距400多千米，属下认为这次访问没那么复杂，就简单地写了一个访问计划。没想到，看到计划后史蒂夫提出了很多问题，经过几次修改，这份访问计划才算过关（如图3-5所示）。

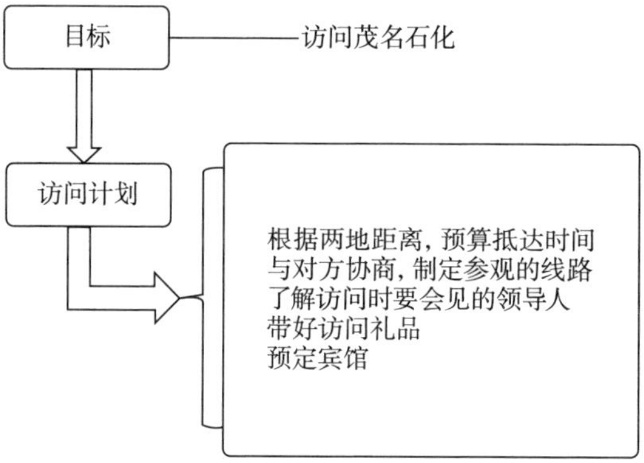

图3-5　访问计划

这次访问为期两天，一天基本在来回的旅途中耽搁了，一天为访问时间。整个计划中的每项内容都要事先通过电话或电子邮件与被访问单位多次沟通确认。计划内容详细到来回路程要耗费多少时间，工厂内的参观路线，要会见的茂名石化高层领导的姓名、职务，以及要携带的礼品的档次，住宿的宾馆等等。就连进入厂区要安装汽车尾气阻火器，也在计划之列。由于计划详细具体，访问进行得很顺利，达到了预期的效果。

同样，需要出差、开会或参加培训时，下属也需要事先制定计划。如果没有计划和预算，上级一般是不会批准的。有一次，一位来公司不久的部门经理向上级提出出差的想法，上级问他：“你有计划吗？有预算吗？紧急吗？”部门经理当时愣住了，因为他根本没有这些。于是，上级对他说：“如果没有，就不要去。”由于事先没有出差计划，因此，这位部门经理只好放弃出差的想法。

重视计划的管理者是明智的，因为在工作中，很多事情需要事先规划和安排。只有事先妥善的计划和准备，才知道一件事具体该怎么做，先做什么，后做什么，需要考虑什么问题等等，这样才能顺利地做好一件事。对一家企业来说，如果全体上下都推行按计划执行的工作习惯，那么，整个团队的执行力就有了保障，这样的企业将会展现出非凡的竞争力。

在制定计划和按计划执行时，可以参考以下三点，如图 3－6 所示。

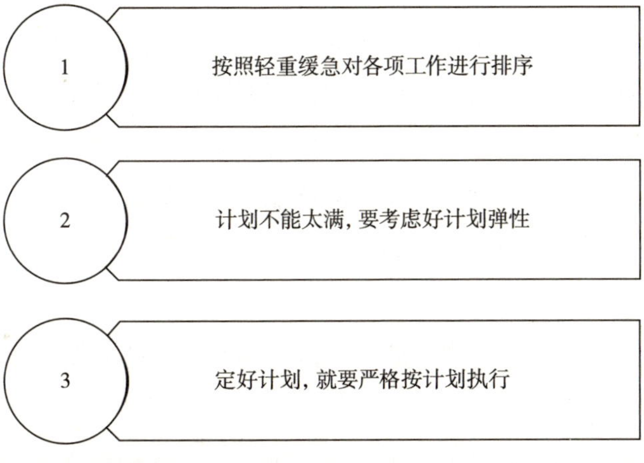

图 3－6　按计划执行要注意的问题

（1）按照轻重缓急对各项工作进行排序。

艾维·利曾建议美国伯利恒钢铁公司总裁查理斯·舒瓦普：“在一张纸上写出明天你要做的 6 件最重要的事，然后按照重要性进行排序。明天你按照这个排序，逐一地去做每件事，直到做完为止。如果只做完第一件事，那不要紧，你总是在做最重要的事情。”

一个月之后，舒瓦普写信给艾维·利说，那是他一生中最有价值的一堂课。5 年之后，这个当年不为人知的小钢铁厂成为世界上最大的独立钢铁厂。这一飞跃性的发展被认为与艾维·利的建议有很大关系。

每个人的时间和精力都是有限的，你不可能在同一时间处理一堆事情。当一大堆工作同时压在你身上时，最有效的解决之道就是按照轻重缓急排出一个顺序，并坚决按照这个排序去逐一解决。

（2）计划不能太满，要考虑好计划弹性。

在制定计划时，一定要考虑计划的合理性，即不要把计划安排得太满，要考虑计划的弹性。如果计划太满，稍微遇到一些突发事件，整个计划都会被打乱。而保持计划的弹性，可以让你有一些喘息的时间，也便于你在遇到突发事件时，依然能够有时间处理突发事件，并且保证不打乱计划。这样，你的计划能够按时完成，会给你带来巨大的成就感。

（3）定好计划，就要严格按计划执行。

很多企业不缺乏战略，也不缺乏计划，缺的是对计划严肃性的认识，缺的是严格按照计划执行的工作态度。计划在执行中的扭曲、被搁置，是导致执行不力的常见现象。事实上，计划是一个具有很强约束力和严肃性的事情，一旦制定了计划，就应该严格执行，不得擅自更改。尤其是团队的计划，更应该严格执行，这体现的是一种严谨的工作作风和对计划负责的态度。

身为管理者，除了对自己的工作做计划之外，还应督促员工养成做计划的习惯，并监督员工按计划执行。因为计划虽然对执行有很大的帮助，但是计划只是计划，如果员工不积极地执行，计划就会成为一纸空文，就失去了意义。如果员工执行时，不按照计划来做，计划也会失去意义。因此，一旦员工制定了计划，要求员工按照计划来执行就显得尤为重要。

当然，按照计划去执行，并非死板地照搬计划书，而是主体按照计划书来，毕竟计划赶不上变化，有时候计划与实际情况并不相符，这个时候就应该放弃不合理的计划。

3.6

落实指标要有细节精神

密斯·凡·德罗是世界上最著名的建筑师之一，有人曾问他：“你的成功秘诀是什么?”密斯·凡·德罗说：“秘决在细节中。”他反复强调，不管你的建筑设计方案如何恢弘大气，如果你不把握好细节，永远称不上是一件好作品。

在指标落实中，也要有细节精神。比如，全球第一零售巨头沃尔玛要求员工对客户保持微笑，并且明确规定：员工必须对3米以内的顾客微笑致意，甚至还有微笑的细则——要露出8颗牙齿。再如，有些酒店要求员工把马桶刷得光洁如新，以证明马桶的洁净。

野田圣子年轻的时候，曾到东京帝国酒店做服务员。这是她步入社会的第一份工作。但她万万没有想到，上司居然安排她洗厕所。上司对她工作质量的要求特别高：必须把马桶抹洗得光洁如新！野田圣子陷入了犹豫，她在想：是该接受这份工作，还是另谋高就?

公司里一位先辈看到野田圣子的犹豫态度，一声不响地给她做了个示范。把马桶洗得光洁如新！先辈对工作质量的高标准、高要求，以及对待执行的细节精神，使她明白了什么是职业态度，什么是责任心。

此后，野田圣子在工作中，为了检验工作质量，也为了强化自己的敬业心，多次擦洗马桶。凭借这种对待工作的高度责任感和细节精神，野田圣子后来当选为岐阜县议会议员，而且是当时最年轻的县议员。再后来，担任日本的邮政大臣，是日本最年轻的阁员。

古话说：千里之堤，溃于蚁穴。有时候企业成败不在大的决策上，而在小的执行上。美国哥伦比亚号航天飞机，就是因为一个橡胶垫圈的质量不合格，导致悲剧发生。因此，企业管理者要引以为戒，要重视指标落实过程中的小问题，充分发扬细节精神，努力把指标落实到位。

（1）以身作则，做注重细节的表率。

德国无限的爱（组织）日用品和化妆品连锁超市是一家注重细节的公司。管理者在执行时，以身作则，为员工做了很好的表率。比如，有一次，公司的创始人维尔纳在巡视一家分店时，拿起一把扫帚示意分店经理看灯光，说："你看，灯光亮点聚集在地上，不是浪费了吗?"说着他用扫帚把灯管拨了一下，让灯光照在货架上。这么小的事情老板都会亲自过问、亲自示范，这让员工感到十分意外。因此，大家都很自觉地像老板一样注重细节。

有记者曾问维尔纳将企业做大做强的秘诀是什么，得到的回答是"以身作则地注重细节"。维尔纳解释说："这样做永远比下达批示给员工留下的印象深刻得多。"

当然，他还补充道："我不可能每天都到所有的分店跑一圈，不可能每个细节都放过，所以，这就是我在全公司打造细节执行力的原因所在。我不但自己要注重在细节中执行制度，更要让全体员工都重视细节。"

很多企业管理者针对细节高谈阔论，但真正能像维尔纳这样以身作则的并不多见。说得好不如做得好，要想员工按你希望的去做，最好的办法就是以身作则，给员工带个好头。

（2）将细节精神落实到日常工作中。

小问题关系到公司的大发展，在管理中，管理者应有意识地培养员工落实小问题的执行习惯，培养员工遵守规章制度、严格落实制度的习惯。比如，生产过程中，注意一些边角废料的合理利用，注意节省和珍惜原材料，这对落实成本控制制度至关重要。如果大家都积极地落实该项制度，公司的成本得到了有效控制，那么公司的利润将会大幅提高。

一家日本机器制造厂在生产过程中，随手丢弃小零件的情况十分严重。经理多次提醒也不见效果，一天，经理再次走到生产车间，将一筒硬币抛向空中，让它们洒落在车间的各个角落，然后他一言不发地走出车间。工人们起初感到莫名其妙，但见经理走了，马上纷纷地争着抢着去捡地上的硬币。

没多久，经理返回车间，对大家说：“当你们看到地上的硬币时，都争抢着去捡，因为你们看到的是钱。但你们不知道，平时你们却对金钱视而不见，那些不怎么起眼的螺帽、螺丝栓以及一些小零件，经常被大家随手丢在地上，而不是用到生产中去，这增加了我们的生产成本，这也是钱啊，大家为什么不珍惜呢？”

一次令人印象深刻的表演，加上动情的讲述，使大家意识到珍惜小零件的重要性。从此以后，员工乱丢小零件的现象少了很多。

不要一味地给员工讲道理，必要时学学这位经理，制造一些有说服力的例子，通过说理与事例结合，可以更好地教育员工遵守制度、注重细节。

（3）从小事上考虑客户的需求。

曾经有一段时间，中国所用的缝纫针要从日本进口，对此很多人感到不解，认为不就是一根针吗，为什么要买日本的呢？可是当他们看到日本的针孔时，马上明白了：因为日本的针孔是长条形，方便老年人穿针引线。而中国的针孔通常是圆孔，老年人眼花，往往不容易把细线穿过去。

再比如，有位企业老板想与一位客户合作，于是邀请客户来公司考察。在客户来公司之前，他就把客户的情况调查得一清二楚，给客户预定的酒店是客户以前经常入住的，给客户准备的饭菜是客户最喜欢吃的。

巧的是客户来访的第二天，正是客户的生日。于是，这位老板给客户精心准备了一场生日晚宴。这些细小的举动让客户非常感动。最后，客户同意了这位老板的合作意向。客户之所以被打动，与这位老板在公关客户的过程中注重细节是分不开的。这个例子再次告诉我们，执行一定要落实到细节，才能保证圆满完成任务。

3.7

落实指标要发挥团队协作精神

说到NBA，人们就会想到乔丹，因为他是篮球之神；想到乔丹，就会想到两次三连冠。那个时候，芝加哥公牛队除了乔丹，还有皮蓬、罗德曼、科尔、朗利、库科奇、格兰特等优秀的运动员。在队友斯科特·皮蓬的球衣退役仪式上，乔丹说：“没有斯科特·皮蓬，我成不了最伟大的球员，是他将我推向这个位置。”

可以说，如果没有乔丹，也就不会有公牛王朝；如果没有与乔丹一起战斗的同伴，同样也不会有公牛王朝。乔丹之所以和他的同伴缔造了公牛王朝，关键在于他们用团队精神打硬仗，彼此间分工明确、各司其职、默契配合，产生了成倍的战斗力。

团队精神是打硬仗取胜的保证，不仅体育运动中需要团队精神，落实指标也需要团队精神。因为很多工作指标单靠一个人是无法达成的，必须靠整个团队密切配合。管理者一定要善于优化团队组合，让每个员工在企业中，都能在适合自己的岗位上工作，同时又能协助同事、与同事保持融洽的合作。这样才能让企业产生凝聚力和战斗力。

一次，惠普运动队和联想运动队进行攀岩比赛。比赛开始前，惠普队成员不断强调要齐心协力，注意安全，共同完成任务。联想队则在一旁小声地说着什么，并没有做太多的士气鼓动。

比赛开始之后，惠普队在攀岩的过程中碰到了几处险情，尽管大家齐心协力，最终排除了险情，完成了任务，但由于花的时间太长，输给了联想队。

那么联想队在比赛前到底在说什么呢？

原来，他们根据团队成员的优势和劣势，进行了精心的组合：第一个出场的是动作机灵的小个子队员，第二个出场的是一位高个子队员，女士和身体肥胖的队员放在中间登场，殿后的是具有超强攀岩能力的队员。通过这样的组合，他们很好地避开了开头和结尾处的几道险情，快速地完成了任务。

通过这个故事，我们可以发现优秀团队的一大特色，那就是团队成员在才能上是互补的。在共同完成目标任务的过程中，优势互补、协同作战，才能发挥每个人的特长，从而最大限度地提高团队的竞争力。

通用公司前 CEO 杰克·韦尔奇曾说过：“我的工作是为最优秀的职员提供最广阔的机会，同时最合理地分配资金。这就是全部。传达思想，分配资源，然后让开道路。”管理者要做的就是分配资源、分配任务、优化团队组合，让合适的人做合适的事，让各个成员相互配合，这样团队自然会所向披靡。

那么，在打造协作性团队、优化团队组合时，管理者应该考虑哪些因素呢？如图 3－7 所示。

因素 1：能力。

打造协作型团队时，团队成员的能力是首先要考虑的问题。要优化团队组合，就必须考虑团队各个成员的能力匹配问题。因为有的人能力大，有的人能力小，有的人擅长做决策，有的人善于组织，有的人执行力强，有的人心思细腻。总之，每个团队成员都有各自的优势才能，在组合的时候，要避免大才小用和小才大用，避免有才不用，无才乱用等现象，使大

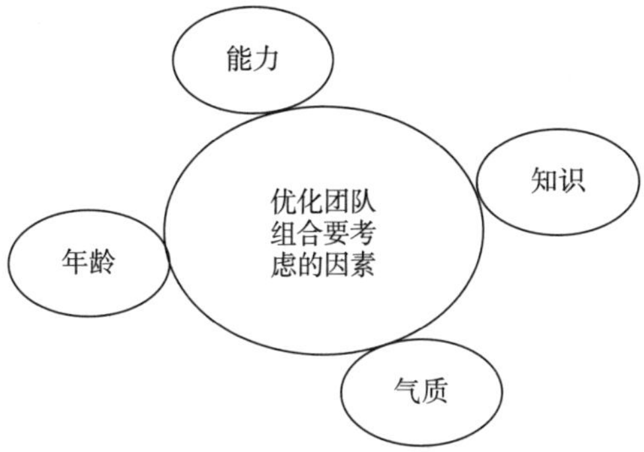

图3-7　优化团队组合要考虑的因素

家能力相匹配，达到“八仙过海，各显神通”的效果。

因素2：知识。

不同的员工，拥有的专业知识和知识水平是不同的，在搭配人才的时候，要想办法让不同专业知识的人才结合、合作。现代企业的生产经营，离不开知识和技术，竞争的白热化、技术的不断更新换代，都需要以专业知识为基础，而任何一个人都不可能掌握多门科学技术和技能，因此，需要不同专业的人才通力合作。

因素3：气质。

气质指的是脾气、性格、秉性等，有的员工外向，有的员工内敛；有的员工脾气大，有的员工通情达理；有的员工沉默寡言，有的员工十分健谈；有的员工慢条斯理，有的员工火急火燎……不同气质的员工，适合担任不同的职位，做不同的工作，比如，健谈者适合搞销售、搞外联工作、组织协调工作，风度翩翩者适合做企业的公关人员，等等。如果团队内都是性格急躁的成员，那么大家在一起工作时，就容易产生矛盾冲突；如果团队内都是沉默寡言的成员，那么团队就会死气沉沉、没有轻松的氛围。所以，团队成员的气质要相匹配，才能最大化地释放团队的力量。

因素4：年龄。

一个理想的团队应该有各种不同年龄层的成员，青年人、中年人、老年人都应该有，形成一个金字塔形的人才梯队，大家在年龄的匹配上较为和谐。这样一来，老年人的经验、中年人的理智、年轻人的干劲融合在一起，就能促使团队力量实现最大化。

第4章

加强监督，好结果是检查出来的

前IBM公司总裁路易斯·郭士纳曾说过：“人们不会做你希望的，只会做你监督和检查的。”要想提升整个团队的执行力，团队管理者就应该重视对日常工作指标的监督和检查。让员工知道你时刻都在关注工作指标的执行情况，员工才会认真落实。

4.1

下属不会做你希望的，只会做你检查的

在带团队的过程中，有些管理者把工作任务或业务指标交给员工后，就不去过问执行情况。突然有一天，管理者发现员工执行出现偏差，影响了整个任务进程时，再来责怪员工执行不力。殊不知，出现这种情况，与管理者不重视监督有很大的关系。

一天，老板对下属陈主管说："我这里有一个市场推广任务交给你……"老板和陈主管谈了一个多小时，交代了业务背景、重要性、业务目标、权限范围、风险等等。讲完后，老板习惯性地问一句："你清楚了吗？"

陈主管说："没问题，我马上就安排人去办。"

回到办公室，陈主管立即召集手下的骨干员工，谈了30分钟，把任务布置下去。

三天后，老板被一些重要的事务缠着，基本忘记了交待给陈主管的工作。一周后，老板突然想起那件事，于是把陈主管叫到办公室，询问那项工作的理解情况。

当陈主管把工作的执行情况汇报给老板时，老板非常生气，大声质问："怎么能这么执行？为什么不早点向我汇报？"原来，

陈主管对那项工作的理解出现了严重的偏差。

经常有管理者感叹：任务布置下去之后，要么下属拖着不办，推一推才动，要么执行跑偏，白干一场。其实，出现这些现象的原因不在于员工，而在于管理者监督和检查不到位。如果管理者在布置任务之后，提出要求、任务完成期限，并有严格的检查和监督机制，那么就能彻底打消下属的侥幸心理和拖延心理，促使他们快速高效地完成工作。

前IBM公司总裁路易斯·郭士纳一语道破了管理的精髓，他曾说："人们不会做你希望的，只会做你监督和检查的。"对管理者来说，如果你重视什么，那就去监督和检查什么。如果你不监督、不检查，就等于不重视。下属怎么会去重视上司都不重视的工作呢？

大家都有这样的经验：每当听说上级来检查，下级就会精心准备一番，以顺利通过上级的检查。这时大家的工作态度非常认真，工作效率非常高。但只要检查一过，大家又会恢复到往日的慵懒状态，执行效率也会大打折扣。由此可见，监督和检查对提升和保障员工执行力的意义。

英国有一家大型时尚杂志社，公司的办公区在大楼的15～20层。公司的女总编对员工要求很严厉。她规定：每位员工在上班时间内都要穿着正装，女士要穿高跟鞋，男士要打领带。

为了确保大家落实这些规定，女总编经常会搞"突然袭击"，她会不定期地出现在15～20层的任何一个区域，以检查员工是否落实了公司的规定和各项工作指标。

对于这位女总编，大家都不敢轻视，都严格按照规定着装，按照公司的要求做事。正因为如此，这家时尚杂志社的形象不断提升，是国内知名的时尚杂志之一。

可见，管理者只有经常视察和监督，才能强化员工的责任意识和执行力。

那么，管理者在监督和检查时，需要注意什么呢？如图4－1所示。

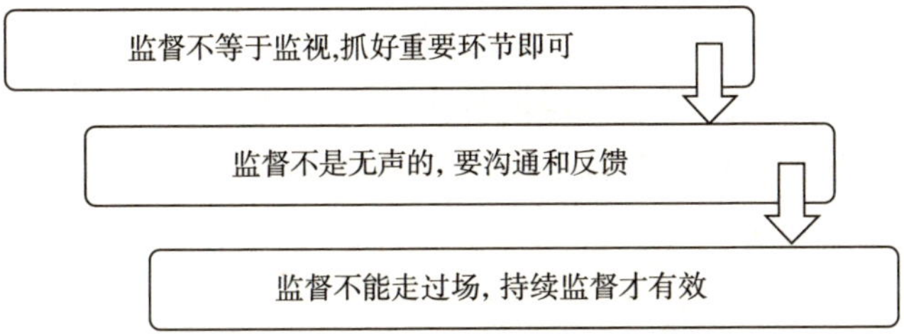

图4－1　检查和监督要注意的问题

（1）监督不等于监视，抓好重要环节即可。

监督不等于监视。有些管理者为了监督员工的工作，不惜大费周章、破费金钱，在公司安装摄像头，在员工手机里安装定位系统，以便随时随地监督员工的工作状态。这不叫监督，而是监视，只会遭到员工的反感和抵触。

其实，监督并不需要花费管理者很多时间和精力，更不需要公司花费金钱。管理者只需监督和检查关键的工作，就像开车时驾驶员只需关注道路前方，适当关注仪表盘，把控好方向盘，控制好行车速度。做到了这几点，就能保证安全驾驶。

监督也是这样，管理者给员工布置工作、下达执行的指标后，只需在员工执行期间，在关键的时候了解执行情况，关注任务进展即可。这样就能有效地把控任务执行的大方向和执行的进度，确保工作有条不紊地展开。

（2）监督不是无声的，要有沟通和反馈。

在监督和检查下属的执行情况时，有些管理者不爱发声——员工执行得好不好，是否存在不足，又有哪些做得好的方面？管理者没有与员工沟通的意识，这样的监督就不能带给员工指导和帮助。

身为管理者，应该认识到一点：监督和检查员工的执行过程，是在发现员工执行中的优点和不足。对于员工的优点，应予以积极的肯定和表扬；对于员工的不足，应及时指正，指导员工改善。这样员工才会进步，执行效率才会提升。所以，监督和检查过程中，要积极与员工沟通，给员工有效的反馈。

（3）监督不能走过场，持续监督才有效。

有一次，我给一位朋友打电话，可他对我说："今天真没空，因为上级领导明天要来检查，我们必须做好应对工作。"这原本是一句很平常的话，但却引起了我的思考——监督和检查应该是一项常态化的工作，而不应该是断断续续或每月固定时间内的走过场。否则，员工就会在管理者检查的周期内认真对待工作，以应付检查。而在检查周期外，对待工作却是另一种状态。

检查监督是一项必须常抓不懈的工作。在这方面，我们不妨向希尔顿酒店的创始人康拉德·希尔顿学习。他在管理希尔顿酒店的50年间，所做的主要工作就是检查和监督，他经常坐飞机飞往各分店，提醒、敦促、监督分店的经营状况，监督员工的工作。每到一处就强调一遍公司的制度，提醒大家对顾客保持微笑。在他的常抓不懈下，希尔顿酒店表现出旺盛的生命力。

4.2

汇报式监督：盯紧指标落实进展

身为管理者，当你把工作指标下达给下属，或把工作任务委派给下属后，会要求下属向你汇报执行进展吗？对于这个问题，有些管理者的回答是否定的，他们没有要求下属汇报的习惯。他们认为下属工作做完了，自然会向自己汇报。其实，这是管理上的一大误区。

要求下属汇报工作，可以让你及时发现下属执行中存在的问题和不足，指导下属适时调整执行策略。因为有时候，下属可能错误理解你的意图，通过下属及时的汇报，可以避免下属的执行偏离预定轨道，保证工作落实到位。退一万步说，即便下属按照你的预期在落实工作，你也可以根据下属的汇报掌握工作的进展。这就是汇报式监督的价值所在。

著名管理培训专家余世维年轻时曾在日本航空公司任职，公司领导十分重视汇报式监督。一次，四个东京本部的部长想去台湾东边的小岛上度假，上司让余世维订岛上的宾馆房间。这个岛不大，只有两家宾馆。四个部长要求四个房间连在一起，而且必须是套房，还要面对太平洋。余世维打电话去问，两家宾馆店均表示符合条件的房间订完了。

鉴于此，余世维马上向领导汇报情况，很快领导就回复他：

了解。

接着，余世维从酒店那里了解到两间面对太平洋的套房，两个饭店各一间，于是他又向上司汇道："现在找到两间，可惜不在同一个饭店，但我还在继续努力地找。"领导的回复仍然是两个字：了解。

几个小时后，余世维找到了三间连在一起面朝大海的房间，可还缺一间。于是他再次向领导汇报，得到的回复还是"了解"两个字。

后来，余世维专程去岛上，询问酒店的服务员："与那三间套房连在一起的房间是谁在住?"服务员说，是一对夫妇，马上就来度假了，今天下午就要入住。"得知这个消息后，余世维在酒店大厅等候那对夫妇。当他看见那对夫妇带着孩子进入饭店时，余世维很礼貌地走上前去，对他们说："我是日本航空公司的，我喜欢您订的那间套房，您能不能让给我?"

丈夫说："凭什么要让给你?"

余世维说："您说得对，我替您找了隔壁一间套房，也是面对太平洋的，可以看到夕阳、波涛，而且免费（余世维自掏腰包）。"

他疑惑不解地问："真有这回事?"

"对，我一定要您的房子。"余世维说。

就这样，那对夫妇带着孩子走向隔壁的房间。随后余世维给领导打电话汇报情况："四套房全部找到，在南屿的绿岛饭店，三楼，连在一起，面对太平洋。"

领导回复："了解，谢谢!"

后来四位部长高度赞扬了余世维的执行力。

身为管理者，你会同时面对多名下属，如果你没有汇报式监督的习惯，凡事都是你主动向下属询问工作落实情况，那么你就会很被动。反之，如果你懂得采用汇报式监督法，要求下属在执行过程中，根据实际情况定期或不定期地向你汇报工作，你就可以轻松掌控下属的执行情况。

那么，在采取汇报式监督时，管理者需要注意什么呢？

（1）委派任务之后，要求下属汇报。

为什么有些下属不愿意向上级汇报工作呢？原因可能是下属并不知道上司希望他们汇报。所以，如果你的下属没有向你汇报工作，责任在于你。因为你没要求他们向你汇报，没有提醒和督促。因此，你需要在委派任务之后，提醒员工记得做汇报。

汇报有口头形式和书面形式两种，口头形式有电话和面对面汇报两种，书面形式包括网络聊天、邮件和纸面汇报。具体采用哪一种，你可以结合具体情况来定。但怎样汇报，你可以向员工交待。

（2）解开下属不想汇报的心结。

管理者希望下属积极汇报工作情况，可不少下属似乎有个心结：觉得工作进展不顺利，没有干出成绩，不好意思汇报。对于下属的这种心理，管理者可以开诚布公地告诉下属："工作没什么进展，不好意思汇报的想法要不得，恰恰是因为工作进展不顺利，才更应该汇报。这样上司才能针对你所遇到的困难，和你一起想办法解决问题。如果你们不汇报，埋头苦干，闷在葫芦里，对工作的开展是不利的。"

（3）要求下属在工作的节点上汇报。

一般来说，汇报工作的内容主要集中于工作的几个关键节点上。比如，要求下属做好工作计划后，向你汇报一下，这样便于你了解下属的计划内容，你还可以针对下属的计划提出合理化的建议或意见，确保下属的计划与你的期望相符，保证工作顺利完成。

再比如，工作进行到一定程度时，让下属向你汇报执行情况，便于你了解下属的工作进展、所遇到的难题或所取得的成果，这样你才会心中有数。如果下属硬要等到工作结束时才汇报，假如工作进展顺利，执行到位还好，万一执行出现偏差，到那时想采取补救措施都来不及。因此，一定要在工作进行期间，分阶段地汇报情况。

另外，在工作需要作出超权限的决定时，你可以要求下属向你汇报。一方面这是尊重你作为领导者的权威，另一方面是为了避免下属承担不必要的责任。有些下属想当然地猜测上司的意图，觉得应该没有问题，或根据以往经验觉得可行，就擅自作出超出权限的决定，这样可能会让自己陷入麻烦之中。

4.3

走动式监督：以防报喜不报忧

监督员工对指标的落实情况，仅靠汇报式监督就够了吗？答案是否定的，因为汇报可能存在“报喜不报忧”的现象。要知道，人都有这样的心理：向领导汇报情况时，会多讲自己的成绩，少讲问题和错误。如果成绩不突出，那就浓墨重彩地夸大一番；如果问题很严重，那就轻描淡写地一笔带过。这样管理者就难以掌握真实的执行情况，不仅影响正确决策，还会影响解决问题的时机，使小问题变成大危机，给公司造成严重的损失。在这方面，有一个典型的案例。

德国摩登公司的大客户跳出了合同，一线销售员马上给主管打电话报告：“主管，不好了，公司的大客户丢掉了，这直接影响我们的效益啊！”

主管说：“慌什么啊？镇定一点！”说完他冷静了一下，组织了一下语言，然后给上司打电话：“经理，市场部出了点问题，一个客户流失了。”

经理说：“一个客户流失了有什么大惊小怪的，我们还有很多客户呢，继续努力吧！”

正在这时，总裁打来电话，询问经理市场开拓的情况，经理笑着说："总裁，你放心，市场开拓得很好，一切尽在预料之中，很多客户都有和我们合作的意向。"

总裁挂了电话，心里很是满意。然而，一个月后，公司召开销售会议时，总裁才得知公司的市场开拓情况很糟糕，公司不仅没有争取到大客户，原来的几位老客户还被竞争对手争取去了。

这是一个典型的报喜不报忧的例子。对于公司员工报喜不报忧的行为，英特尔公司的总裁安德鲁·格鲁夫颇有感触，他说："高层领导有时候直到很晚才明白周围的世界已经发生了变化，老板则是最后一个知道真相的人。"著名企业管理培训专家余世维更是打趣道："有一天，老板发现门外有人搬东西，出去一看，才知道原来公司倒闭了。"

那么，怎样才能避免员工报喜不报忧呢？管理者除了重视汇报式监督之外，还应采用走动式监督，走出办公室，积极深入工作一线。著名的管理学者彼得斯和瓦特门在其著作《追求卓越》中表示："在卓越的企业中，高层主管不是坐在豪华的办公室里等待部属的报告，而是在忙碌的企业管理之余，抽时间在各部门和企业之外走动走动。"

彼得斯和瓦特门建议管理者至少把一半的时间用在办公室之外，去了解员工的工作状况，去了解企业的产品营销情况，去搜集一线的市场信息，以弥补下情上达过程中的疏漏。

那么，管理者在走动式监督中，到底要做什么呢？如图4－2所示。

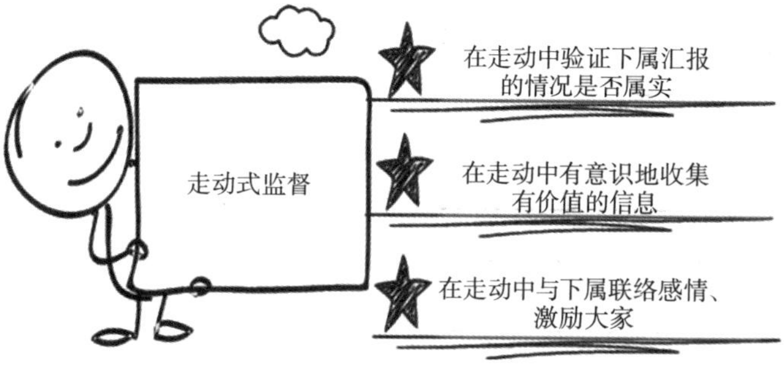

图4－2　走动式监督中要做的三件事

（1）在走动中验证下属汇报的情况是否属实。

要想防止下属报喜不报忧，正确地把握下属的执行情况，管理者在走动中应该有针对性地验证下属汇报的情况是否属实。例如，下属说客户所要的货物已经生产完毕，已经发出去了。如果管理者正巧路过客户那里，可以去打听一下情况，看下属汇报的情况是否属实。

当然，对于大多数管理者来说，走动管理并非真的要亲自跑一趟。如今通信设备非常发达，管理者只要给客户发个短信，或打个电话，就能获得下属的工作落实情况。英特尔公司总裁格鲁夫就是这么做的，他一方面要求直接下级积极汇报工作，一方面又会通过电子邮件了解世界各地一线员工的心声。

格鲁夫说："从那些与我远隔重洋或地位远低于我的人那里听取汇报，可以根据他们的看法准确地了解业务问题，从他们不同的看法中，我能提升自己的洞察力。"他随时敞开办公室的大门，等待下属来汇报。他也常走出办公室，主动询问员工的工作情况，了解员工的意见和想法。正是因为这样，格鲁夫才能及时发现管理中的问题并解决问题，才有了英特尔今天的辉煌。

（2）在走动中有意识地收集有价值的信息。

在这方面，娃哈哈集团总裁宗庆后堪称行业典范。

作为一家大型企业的老总，宗庆后资产上百亿。他有一个工作习惯，那就是无论多忙，都会抽空走出办公室，去一线了解下属的执行情况，去了解市场。据说一年365天，宗庆后有200多天在市场一线跑。曾有人问宗庆后："娃哈哈是怎么成功的？"他的回答是："娃哈哈的成功是跑市场跑出来的。"

宗庆后从来不请营销咨询公司做市场调研，他相信自己跑市场时亲眼所见、亲耳所听的的情况。通过跑市场，宗庆后获得了很多在办公室根本无法获得的第一手信息，比如新产品的口感如何，包装好不好，宣传效果怎么样，竞争对手在做什么，等等。

这些信息根本无法靠下属的汇报获知。

通过跑市场了解的珍贵信息，宗庆后做了许多英明的决策。决策执行之后，他还会通过新一轮的跑市场去验证自己的决策是否正确，看是否有需要调整和补充的地方。这样他的经营思路就变得越来越清晰，决策也越来越准确。

现代社会的市场竞争愈演愈烈，管理者要想带领团队从容应战，带领企业快速稳步地发展，就必须眼观六路、耳听八方，多方面收集有益于企业发展的信息，多借鉴同行企业的经营优点，多关注市场的形势变化。聪明的管理者明白，每天坐在办公室里是无法掌握下属的执行情况的，更没办法了解与企业发展息息相关的一线信息。

（3）在走动中与下属联络感情、激励大家。

经常走出办公室，不仅可以增长见闻、收集信息，还可以和员工联络感情，激发员工的斗志，培养企业领导者的亲和力。试想一下，员工在生产一线工作，领导者走过来与员工打招呼，对员工表达关心和慰问，员工是不是会受到激励呢？当领导者经常性地走近员工，与员工打成一片时，领导者与员工的距离是不是就就慢慢拉近了呢？领导者的亲民形象是不是树立起来了呢？在这一点上，日本索尼公司的创始人盛田昭夫为我们做出了榜样。

盛田昭夫只要有空就会走出办公室，到生产一线与员工接触，去各个分店转转，找机会与员工沟通。他认为走到员工中去，有助于拉近与员工的距离，可以更好地了解员工，倾听他们的意见，使大家在一个轻松、透明的环境中工作。

有一次，盛田昭夫到东京办事，由于时间充裕，他就去了一家挂着索尼旅行服务社招牌的小店，进去后他对店员说：“相信你们在电视或报纸上见过我，今天我特意来和你们打个招呼，让你们看一看庐山真面目。”

大家平时只在新闻媒体上见过盛田昭夫，这次亲眼看见他，感到特别亲切，气氛一下子变得轻松起来。盛田昭夫在店里转了转，与员工随意攀谈起来，很好地沟通了大家的关系。

走出办公室，走近企业员工，这对管理者来说，是塑造个人形象的重要方式，也是管理者个人魅力的重要体现。每个员工都希望获得企业最高领导的激励，哪怕是打一声招呼，说一句肯定员工的话，都能充分地鼓舞员工的士气。所以，请记得经常抽空走出办公室，亲近员工，与员工打成一片，这样整个团队才能在你的带领下齐心协力把企业做大做强。

4.4

全员式监督：激励全员共进共勉

俗话说：群众的眼睛是雪亮的。既然如此，管理者为何不鼓励全体员工参与到执行的监督中来呢？这不仅有利于调动员工参与管理的积极性，还能有效地减轻管理者检查与监督的压力，从而促进大家把各项工作任务和指标落实到位。

拉夫·劳伦是美国一家男装时尚品牌，该品牌历经了半个世纪的洗礼，到如今已经成为美国时尚界的一个标杆。它的成功与其创始人拉夫·劳伦的经营和管理分不开。劳伦有一个独特的管理之道，那就是鼓励员工积极参与到监督中来。

早在1968年该品牌创立时，劳伦就鼓励员工参与到各项工作的监督中来。在拉夫·劳伦公司，上到设计师，下到普通员工，每个人都有监督他人的权力。不只是监督他人是否遵守公司的制度，还监督他人在工作落实中存在的问题。

劳伦认为，如果员工都不去监督，光靠管理者去监督，一旦发生了紧急情况，根本来不及解决，后果不堪设想。所以，在拉夫·劳伦公司，每个员工都有监督的权力，而且如果员工及时发现了问题，还可以获得一定的奖励。

一次，公司的一名设计总监准备推出一种柔和且芳香的男士香水。这位设计师认为，很多男士都习惯用那种清淡阳刚的香水，如果能够有所创新，推出一款与众不同的香水，一定会广受欢迎。于是，他询问了其他几位设计师的意见，大家似乎没什么反对意见。于是，他决定推出这款香水。

有一名员工意识到这个决定是愚蠢的，因为他认为这款香水不会有任何销路。于是，他向当时远在意大利考察的拉夫·劳伦发了封电子邮件，说明了这个问题。劳伦了解情况后，立刻与那位设计师联系，要求他暂停这款香水的推出时间，等他从意大利回来之后再讨论是否推出。

在意大利访问期间，劳伦敏锐地嗅到流行的气息，他认为柔和芳香的男士香水在未来几年依然没有市场。所以，回到公司后，他否决了那款香水的推出计划。

如果没有全体员工的监督，执行中出了问题，管理者很难在第一时间发现。所以，鼓励全体员工参与到监督中来，大家相互督促，对提高执行效率是很有意义的。

在鼓励员工参与监督时，管理者可以借鉴以下几种方法，如图4－3所示。

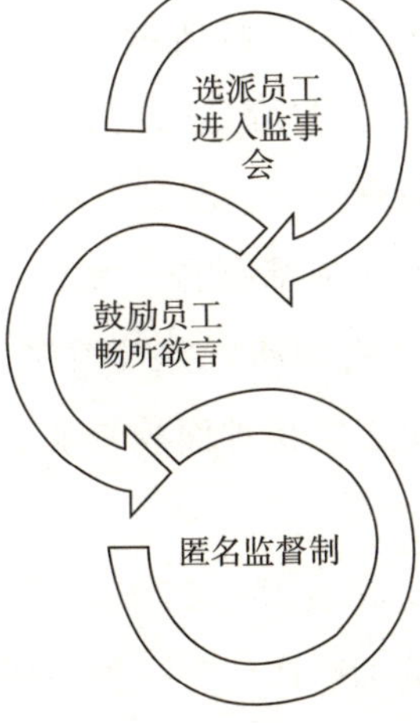

图4－3　鼓励员工参与监督的方法

（1）选出员工代表，进入公司监事会。

为了更好地监督全体员工及管理者，公司可以选出优秀的员工代表，进入公司的监事会。通过规范的机构赋予员工监督的权力，提高员工监督的影响力。在很多德国公司，其监事会就是员工参与制。

据统计，德国公司的监事会有三分之一的人员是普通员工。他们是广大员工投票选出来的，是员工队伍的代表人物，承担着检查和监督的重任，寄托了全体员工和公司领导的殷切期望。因此，他们往往很珍惜这个角色，做好相应的工作，不会在监督中“和稀泥”，做“老好人”。

一般来说，选入公司监事会的员工，要具备高度的工作责任感、良好的职业精神，且有较强的工作能力。这样他们在监督过程中，才能有效地分辨对错，履行好监督的职责。

（2）畅通言路，鼓励员工发表意见、反映情况。

在重大事务的决策过程中，管理者要胸怀坦荡、虚怀若谷，主动走近员工，鼓励员工发表意见、反映情况。这样才能全方面地了解工作的执行情况。在这方面，通用公司前 CEO 杰克·韦尔奇做出了表率。

韦尔奇在通用电气公司担任 CEO 时，致力于打造一家“没有界限的公司”。他把“毫无保留地发表意见”作为全体员工的一条重要工作准则，鼓励大家畅所欲言，积极发表意见，反映一线情况。

韦尔奇每年都会不定期地召开“畅所欲言会议”。每次参会者大概 50 ~150 人，主持人要引导大家坦率地陈述自己的意见，以便找出生产、管理等方面的问题，从而改进管理方法，提高产品和工作质量。

韦尔奇要求各级经理都要参加基层的“大家出主意”会中，他还以身作则，带头示范，在会议上认真倾听，并及时对员工提出的意见进行反馈。通过这一活动，给企业员工的精神面貌带来了很大改善，也给公司带来了生气，取得了很大成果。

（3）采取匿名监督制，消除员工的心理压力。

在实行全员监督制时，员工往往会有一种心理：如果我如实反映他人在工作中的不良情况，对方会记恨我、打击报复我吗？有了这种心理担忧，员工就很难在监督中说真话。怎样才能消除员工的担忧，毫无顾虑地履行监督职责呢？

很简单，只需实行匿名监督制，就可以很好地保护说真话的员工。美国联邦快递公司就是采取匿名的、填写调查问卷的方式，让员工对公司管理层实施监督。

联邦快递公司的员工每年都会收到一份调查问卷，该份调查问卷包含29个问题，前10道题是与个人有关的，如“主管尊重你吗？”这10道题的综合得分形成领导指标，该指标关系到管理者的红利，并占到了管理者底薪的40%。如果领导指标没有达到预定目标，那么管理者将拿不到红利。

接下来的问题主要调查直属上司的管理态度，最后一题则是问公司过去一年的表现。调查结果出来后，按照不同的团队做成一览表，将各位管理者的得分按照高低排序。综合来说，这份问卷关系到管理者的“钱途”和事业，一旦评分不达标，后果将会很严重。因此，管理者平时要善待员工，善待工作。而对员工而言，他们的监督和评分会影响公司的发展。

有个联邦快递的部门经理曾在一个题为“我的上司供应我们所需的支援吗”中，只得到14分。在随后召开的探讨会议上，该主管虚心地接受员工的批评。从那以后，该主管开始在部门内部走动，听取员工心声。

在采取匿名制时，公司管理者应做好相应的保密工作。无论员工反映了怎样的情况，给哪位员工或管理者带去了负面影响，公司管理者都应该坚守保密原则，不让说真话的员工暴露出来。如此，才能真正消除员工的担忧，让全员监督制发挥作用。

4.5 第三方监督：实行第三方检查制度

在监督员工落实工作任务和各项指标时，企业可以根据实际情况，建立一个专门的监督机构，即第三方机构。该机构在行使监督和检查权时，不受公司任何领导的约束，不用看任何人的眼色，从而保证监督和检查的完全公正客观。

英国森特里克能源公司是全球五百强企业，这个面向全球出售并且安装煤气等设备的大型企业，如今已是英国企业中的标杆，在金融、电力、电讯方面均有涉足。据英国财经方面的资料统计，森特里克能源公司员工的抱怨声是最弱的。这与其一流的管理是分不开的。

其实森特里克能源公司并没有什么管理秘诀，它不过是把相关的制度和工作指标落实到位了。怎样落实到位的呢？关键在于它拥有一个一流的监督机构——外派监事会，该机构全权监督公司各项制度和工作指标的落实情。

由于外派监事会是完全独立的，并不听从所驻分公司的领导，也不从各分公司拿薪水，所以这就不能引起监事会与各个分公司之间的利益关系。每年，监事会都要对员工就制度的执行情况进行多次不定期的检查。

有了这样一流的监督机构，森特里克能源公司的各项制度得以落实，各项工作指标得以执行到位，所以它的效益很快就得到了提升。在一流的执行力和一流的监督条件下，森特里克能源公司一跃成为了世界五百强企业之一。

森特里克能源公司的例子充分说明，企业发展离不开各项制度和工作指标的完美执行。而要保证制度和指标完美执行，就不能缺少公正客观的监督机构。而第三方监督机构恰好能充分发挥监督作用，为执行到位保驾护航。

对于大多数中小企业和团队组织来说，如果没有正式的外派监事会也不用担心。管理者可以组建一个专门负责监督和检查的机构，作为第三方监督机构而存在。有了机构之后，再选派几个责任心强的员工，在做好本职工作的同时负责监督和检查工作。

那么，在实行第三方监督检查制度时，有什么要注意的呢？如图 4－4 所示。

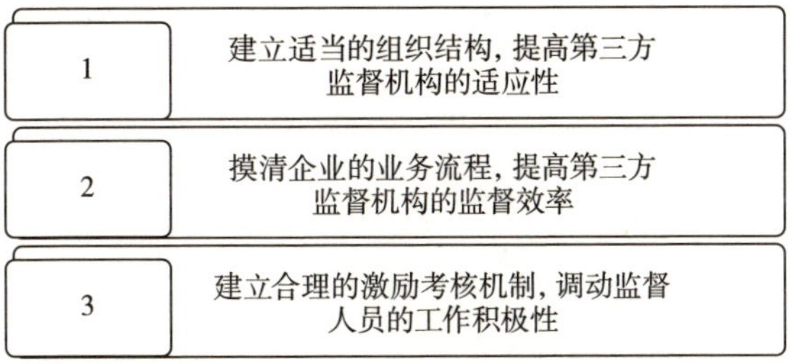

图 4－4　实行第三方监督的三个要点

（1）建立适当的组织结构，提高第三方监督机构的适应性。

在实行第三方监督的制度下，以单一的组织结构去运作，是难以适应监督检查要求的。因此，第三方监督机构应在有限的人员和编制结构下，做到日常监督快速反应，实现集中检查的专业化和全面化。为此，第三方监督机构的成员应深入企业内部了解情况，对重大事项提前介入、全程监督，该机构的负责人应对企业的各部门采取巡回监督，主要处置重大事件，强化日常监督的时效性。

（2）摸清企业的业务流程，提高第三方监督机构的监督效率。

第三方监督机构作为空降兵，在刚组建时，也许对企业的业务流程不那么清楚，因此，机构人员首先应该摸清企业的业务流程。与此同时，还要搞清楚企业的组织结构是单一型还是多元型，继而有针对性地采取监督措施。

在日常监督或集中检查之前，第三方监督机构的负责人应制定相关的监督计划，确定监督策略和方法，对关键的业务流程应重新进行梳理和设计，明确流程中的关键岗位，把握关键控制点，使监督工作进展顺利。

（3）建立合理的激励考核机制，调动监督人员的工作积极性。

很多管理者反映，公司的第三方监督机构在实行监督时，并不那么积极主动，多半是抱着“和事佬”心态。对于这种心态，管理者最好建立合理的激励考核制度，对监督人员进行相关的工作考评，然后给予相应的奖惩措施。通过这种举措，可以有效地调动监督人员的积极性，保证监督和检查的效果。

4.6

问责式监督：出了问题要严于问责

只有监督，没有问责，就等于干打雷，不下雨，这样的监督是无法真正发挥作用的。要想监督发挥出应有的效力，就不能缺少问责，这就是问责式监督存在的意义。所谓问责式监督，指的是通过问责的方式来发挥监督的效力。即在监督员工执行情况的基础上，针对员工执行不到位的情况进行责任追究和相应的处罚和教育。

世界最大的软件公司美国甲骨文股份有限公司（Oracle），是第一家进入中国的软件巨头。公司的创始人 Larry Ellison 谈到内部管理时，多次提到监督与问责机制，他表示这样有利于约束员工，让员工更好地承担相应的岗位责任。

Larry Ellison 说，公司给大家提供了充足的施展才华的空间。在这个空间里，员工要自己去设计、建立良好的运行机制的方法，并且对自己的行为负责。如果他们在落实制度、执行任务方面出了差错，管理者会对当事人进行问责。这种管理制度既可以充分调动员工创造性思维和进取心，又能提高员工的责任感，确保员工不会有越权行为。

监督与问责是密不可分的，问责可以提升监督的威信，监督是问责的前提和依据。二者相互配合，才能真正激发员工最强的执行力。正因为如此，国内互联网巨头百度公司才会十分推崇问责式监督。

当年百度公司处于快速发展时期，既要面对独立流量带来的用户，还要为与之合作的门户网站提供搜索服务。当时 Dan 主要负责百度服务器的稳定运行，因为百度服务器每天都要承受巨大的访问压力，这个压力已经接近了服务器承载的极限。如果访问人数再增加，就很可能导致百度服务器不稳定，严重影响用户的搜索体验。

然而，恰恰就在这个时候，销售部门新谈了一个门户网站，对方希望马上使用百度的搜索引擎服务。Dan 犹豫了，他知道如果开通这个服务，就可能超出了百度服务器的承载量。但由于种种原因，Dan 没能拒绝这个服务上线。结果连续两天，百度网站的稳定性都很差，用户搜索时经常得不到正常的结果，那个刚开通的服务不得不紧急下线。

对于这一情况，Dan 的上司李彦宏是怎么处理的呢？正当 Dan 惴惴不安地准备接受批评时，李彦宏却没有对他发脾气，而是平静但很认真地说："Dan，你的职责是保证百度服务的可依赖性，所以这次事故你有很大的责任，你要好好反思，以后不要犯这样的错误了。"

说完这些，李彦宏对大家说："现在最关键的是怎么解决这个问题，赶紧讨论一下。"在讨论中，Dan 说出了自己准备的解决方案，李彦宏非常认真地倾听，不时点点头，然后很投入地和他讨论解决方案中的细节。

在监督过程中，当发现员工有不按规章制度办事的行为，或执行不到位时，管理者必须对员工提出警告和批评，严重的话甚至要对员工进行处罚，做到以儆效尤，以维护制度的权威性。实行问责式监督，既可以增强员工的责任心，又能提升员工的执行力。这样，执行到位才会成为人人追求的目标，成为团队发展的保障。

那么，在实行问责式监督时，管理者需要注意什么呢？如图 4－5 所示。

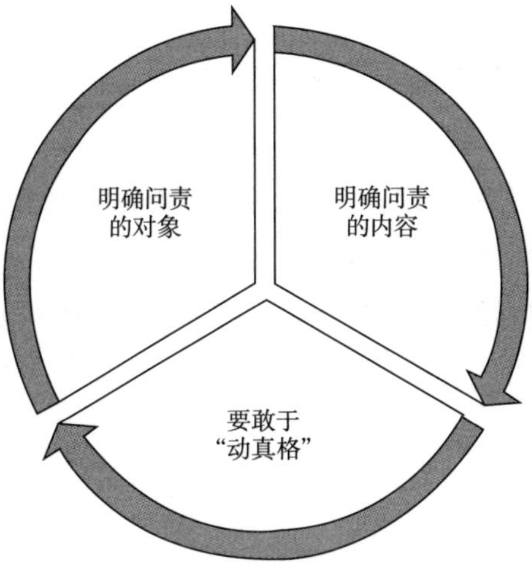

图 4－5　问责式监督的三个要点

（1）明确问责的对象。

问责的关键在于对象，即问谁的“责”。很多管理者首先会想到，问执行不到位的员工的“责”。毋庸置疑，这是首当其冲的。因为在规定的时间内没有完成任务，或执行不到位，工作质量打折扣了，这是失职的表现。所以，要追问执行者的责任。

除了问执行者的“责”，还应该问管理者的“责”。员工出了问题，其直接上司有不可推卸的责任。比如，管理者疏于监督，忽视汇报和反馈，对员工存在的问题没有及时纠正，员工在执行的过程中管理者未能提供及时的协助等等。因此，不要忘记问上级的“责”。此外，如果一项工作涉及多人执行，在问责时还应追问相关协助者的责任。这样的问责才是最公平的，才能服人心。

（2）明确问责的内容。

问责的核心是“问”，而“问”有多层含义。从本质上来看，它是一种监督。问责时，要打破沙锅问到底，要把责任弄明白。问责时，要考虑到权责对等，多大的权担多大的责。问责对应的是责罚，责罚要落实到位，不能光打雷不下雨。问责不仅要追究当事人的责任，还要进一步探究管理规律，解决根源问题，避免犯同样的错误。

（3）要敢于“动真格”。

问责不能走过场，不能搞花拳绣腿，而要真正追究到底，把责任人找出来，进行相应的批评教育和处罚。有些管理者在监督和问责的时候，怕得罪人，不敢追问到底，这是对本职工作不负责的表现，也是对企业不忠的表现。正确的做法是，该通报批评的要通报批评，该罚款的要罚款，绝不纵容和姑息，这样才能维护制度的威信，保障团队的执行力。

第5章

严抓考核，用考核来衡量结果

管理学大师德鲁克说过："如果不能衡量，就无法管理。"通过合理的绩效考核可以有效地衡量员工的工作成果，可以鞭策员工努力提高工作能力。如果没有绩效考核，员工干好干坏都一样，工作指标无法落实到位，管理就变成了一句空话。

5.1 合理考核：指标落实到位的保障

员工绩效的好与坏，直接关系到企业的发展。想要提高员工的绩效，就不能没有考核。因为通过考核，能够衡量员工绩效的好坏，能够根据考核结果对员工实行有效的激励，从而提升员工的工作积极性和执行力。所以，当管理者重视绩效考核时，工作指标就更容易被员工落实到位。

出生于澳大利亚的罗伯特·默多克有着“传媒巨头”“报业巨子”的称号。28岁时，他成功买下《镜报》，并将其改名为《每日镜报》。在管理过程中，他发现公司不少员工在工作指标的执行上存在“落实不到位”的现象。为此，他多次召开会议强调执行到位的重要性，可是收效甚微。

后来，默多克想到将工作指标的落实与绩效考核进行挂钩，考核周期为一个月。为什么要把考核周期设定为一个月呢？默多克是这样考虑的：

首先，在一个月内，考核者对被考核人员在某些方面的工作有一个清楚的记录和印象。这样可以避免考核周期太长，造成记忆模糊和主观考评。其次，考核者还能及时对员工在工作中出现的问题进行评价和反馈，及时纠正问题，确保工作落实到位。

凭着这套绩效考核体系，员工的执行力明显提高，各项工作指标也能落实到位。很快，默多克就把手中的报纸经营得风生水起。后来，随着实力的壮大，默多克的报业集团不断扩大，直至拥有一个庞大的报业帝国。

管理就是考核，考核员工的执行力，考核员工的工作绩效，从而有效地激励员工。

绩效考核说起来容易，但要想取得好的效果，却并不简单。很多管理者抱怨绩效考核没有效果，最终考核进行不下去，究其原因，不外乎这样五个（如图 5－1 所示）。

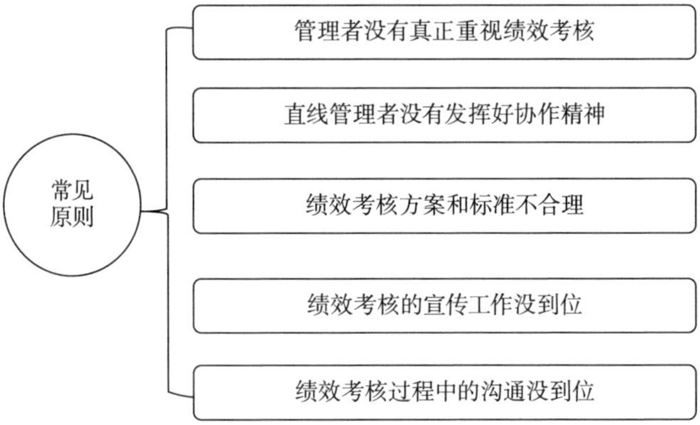

图 5－1　绩效考核效果不好的原因

下面，我们就针对这五个原因，提出相应的对策，从而确保绩效考核真正发挥作用。

（1）高层管理者要高度重视绩效考核。

绩效考核的导入是企业的一项大事件，一方面绩效考核会涉及利益分配的问题，大家对未来的预期不明确，绩效考核的推行会受到各级管理者和员工的强大阻力。绩效考核人员也会被推到风口浪尖上。另一方面，绩效考核会触及企业管理的方方面面，包括绩效考核的方案、辅导、评估、反馈、激励等各环节管理工作，这需要采集各方面的绩效数据。

如果高层管理者没有高度重视，没有给绩效考核人员大力支持，绩效考核的开展就会困难重重，被考核人员的配合程度也将大打折扣。所以，要想绩效考核发挥作用，管理者必须大力强调绩效考核的重要性，对绩效考核的开展高度重视和关心。

（2）直线管理者要发挥好协作精神。

要想绩效考核发挥出应有的作用，除了高层管理者的高度重视和支持外，直线管理者也要发挥协作精神，做好相应的配合。因为绩效考核不仅仅是考核人员的事情，而是一个自上而下的目标分解、不断指导沟通和交流的过程。

一般说来，在绩效考核中，考核人员要扮演好宣传者、培训者、推广者和实施监督者的角色。直线管理者要扮演好绩效考核方案的细化者、实施者、反馈的角色，即根据不同部门和岗位的特色，细化绩效考核指标。可以说，如果脱离了直线管理者的支持和配合，绩效考核将会变成空中楼阁。

（3）绩效考核体系和考核标准要合理。

绩效考核体系的核心要素要齐全，包括谁来实施考核、考核谁、考核什么、怎么考核、多久考核一次、结果怎样、用结果如何反馈、如何沟通改进等内容。在此基础上，绩效考核的指标必须合理，包括要量化、具体化、可以明确衡量等。这样才能确保绩效考核工作能够开展下去。

（4）绩效考核的宣传工作要深入基层。

在实施绩效考核之前，相关的宣传工作必不可少，这是绩效考核顺利实施的重要保证。一般来说，宣传的方式有发公文、贴墙报、制度竞赛活动等。通过对绩效考核方案的全面深入的宣传讲解，可以确保各级管理者和执行者掌握绩效考核的要领，更好地开展工作。通过大力宣传方案，还可以让全体员工清楚企业的主导思想，包括倡导什么行为，反对什么行为，并逐渐形成良好的企业文化。

（5）绩效考核全程要保持双向沟通。

在绩效考核过程中，管理者和员工的双向沟通是必不可少的。然而，这也恰恰是大部分管理者忽视的问题，他们片面强调绩效考评工作，却忽视了更重要的沟通工作。事实上，在绩效考核的计划、辅导、评估、反馈、激励等不同阶段，沟通都要贯穿始终。

员工在绩效考核中暴露出来的问题，管理者要及时与之沟通，他们才能发现工作的不足。同时，还应帮员工确立下一阶段绩效改进的重点，这对提升员工的工作绩效大有好处。对管理者来说，通过与员工的有效沟通，有助于全面了解员工的工作情况、掌握工作指标的落实情况，并有针对性地辅导员工，更好地把工作落实到位。

此外，通过有效的双向沟通，可以引导员工积极参与绩效考核。这样能很好地激发员工的主人翁意识，强化员工的责任感。

5.2
关键指标：业绩是考核员工的最关键指标

任何一家企业，都是为了赚取利润而存在的。如果一家企业无法盈利，员工的利益就会受损，甚至失去继续为公司效力的机会。反过来，员工存在的价值就是给公司创造回报，如果员工不能为公司赚钱，他就失去了存在的意义。因此，管理者在评判一个员工是否优秀时，业绩是最关键的指标。忽视员工业绩，却看重员工其他方面的表现，这是很愚蠢的。

多诺万是美国一家电器销售公司的金牌销售员。与多诺万接触过的人都知道，他的人品不错，业务能力很强，每个月的销售业绩在公司都是数一数二的。可是最近一段时间，多诺万低调了许多，上班也特别消极，而且萌生了离职的想法。

朋友见多诺万出了状况，就请他喝酒，三杯酒下肚，多诺万终于开口了。他说公司前段时间进行了绩效考核，他原以为业绩突出，可以得到数额不菲的绩效奖金，可没想到他的考核成绩居然只是刚及格。这不仅意味着加薪无望，就连原本期待的绩效奖金和年终奖都将化为泡影。

多诺万喝了一口闷酒，继续说："太可气了，我上个季度的销售业绩在全公司排第二，公司里有几个业绩不如我的同事，在绩效考核中居然得到了不错的成绩。这种考核也太不公平了。”

朋友说：“按理来说，你的业绩那么好，你的绩效考核成绩应该很好的，到底为什么？难道你得罪了上司，被‘穿小鞋’了？”

多诺万叹了口气说：“哪里，只怪上司定的绩效考核指标不合理，除了业绩这个指标之外，还有出勤率、工作态度、加班次数等指标。而且绩效这个指标只占50%的比重。虽然我的业绩好，但我出勤率、加班次数不够，所以我的绩效考核成绩才那么糟糕。”

在绩效考核中，公平是大家十分关注的问题。从个体角度来看，公平涉及每个人当前、长远的物质利益和精神利益；从人际互动角度来看，公平涉及员工的尊严、地位以及相互之间的关系；从组织管理的角度来看，公平涉及上下级之间的关系，团队的氛围和团队的凝聚力等问题。如果绩效考核不能给大家公平感，那么它不仅会失去应有的激励作用，反而会对团队造成负面的影响。比如，导致优秀人才流失、降低员工对企业的满意度、打击员工的积极性等。

那么，怎样的绩效考核才是公平呢？也许影响因素有很多，但有一点是不能否认的，即必须把业绩作为评估员工绩效的最关键指标。所谓业绩，即员工在一个考核周期内，实实在在做了多少事，为企业创造了多少价值，这些价值可以用什么指标来衡量。那么在进行绩效考核时，就应该着重考核这些指标的完成率。按照这样的思路去进行绩效考核，才能充分体现对员工贡献的尊重，体现出公司“以奋斗者为本”的思想。

下面，我们就以考核销售人员为例，看看考核员工业绩时，应具体考核哪些指标。如图 5 –2 所示。

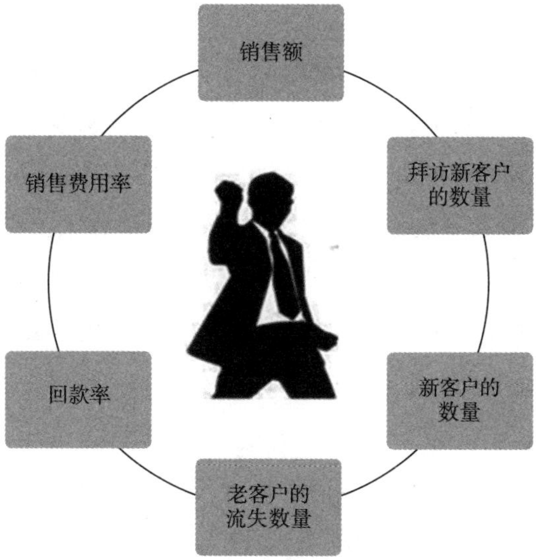

图5－2　考核销售人员业绩应参考的指标

指标1：销售额。

对于销售人员来说，最能说明其贡献值的指标就是销售额，即卖出了多少价值的产品。如果员工的销售额未达标，他的工作态度再好，每天上下班再准时，在公司里再怎么认真工作，都是毫无意义的。

指标2：拜访新客户的数量。

优秀的销售额从哪里来？除了从老客户那里来，还需要销售人员积极拜访新客户，开发新客户。如果没有陌生拜访，成交就会是有限的。众所周知，潜在客户、真正的客户就是从陌生拜访中找出来的，陌生拜访的客户数量越多，销售人员掌握的客户资讯就越多，成交的数量就会越多。因此，企业可以规定销售人员，每天或每周至少要拜访多少位陌生客户。

指标3：开发新客户数量。

衡量销售人员的最基本指标就是开发新客户的数量，销售人员的敬业精神也体现在开发新客户的数量。企业要发展，市场额度就要不断增大，如果没有新客户，销量就不可能提高。为此，企业可以规定销售人员每个月或每季度开发新客户的数量，即成交的新客户数量。

指标4：老客户的流失数量。

老客户是销售人员取之不尽的财富源泉。如果销售人员不重视老客户的维护，导致老客户流失，那么即便他开发了很多新客户，也是得不偿失的。就像一只木桶，你一边往里加水，另一边桶底有个洞，正在漏水，这样你就无法保证桶能盛满水。也就是说，这样销售人员很难取得好的业绩。因此，企业可以规定销售人员每个星期或每个月拜访多少位老客户，与老客户交流，听取他们的建议。对于老客户的流失，要设置相应的处罚规定。

指标5：回款率。

销售人员把产品卖出去了，销售行为并没有结束。如果这笔货款没有及时入账，那么业绩还是纸上谈兵。如果长期不能入账，那么将是企业的噩梦。所以，企业有必要规定销售人员的回款率，并对此进行考核。同时，还应和销售人员一起对客户资信能力和支付能力进行评估，加大追款力度，保证能在合同期内收回货款。对于没有及时入账的货款，应问明原因，不能听之任之。

指标6：销售费用率。

销售人员在营销过程中，会不断地从企业支取经费。比如，活动经费、宣传经费、出差经费等，对于这些经费，企业应该有一个具体的指标，不能员工申请多少，就发放多少。有的销售人员一次申请个三千、五千，出一趟差，却没下几张订单，回来时票据一大把，这对企业造成极大的成本支出。因此，在考核时，一定要考核销售经费所占销售额的比重及具体的数额。对于销售人员的浪费行为，应采取严厉的处罚，对于销售人员节约行为，应表扬和奖励。

总之，业绩是考核员工的最关键指标，这个指标在所有考核指标中所占的比例应该最大。在此基础上，再结合对员工工作态度、服务水平、出勤率等指标的考核，最终给员工一个客观的绩效考核成绩。这样的绩效考核才不会让出色的员工吃亏、让偷奸耍滑的员工占便宜，这样的考核才是最公正、最让人信服的。

5.3

量化指标：让考核不再成空谈的秘诀

绩效考核关系员工的薪酬，关系公平问题，一定要有合理、可量化的考核指标。可量化意味着考核标准不能宽泛、笼统。很多企业采用“优”“良”“中”“差”等级别对员工进行考核，然而这些标准都是比较抽象的，怎样的表现叫“优”，怎样的表现叫“差”，是否应该有个更具体、更细化的指标呢？如果没有可量化的指标，那么管理者在考核时，就很容易主观地评定。这就容易导致考核失去公平。

为了激励员工，某建材公司的老板宋先生决定实施绩效考核。他四处征求意见，最后决定采用很多企业都在用的“月度绩效考核”方法。没想到，绩效考核实施四五个月后，员工的积极性没有提高反而下降了，就连原来表现积极的员工也变得不积极了。

每个员工的考核成绩都差不多，甚至考核人员给很多员工打了相同的分数。再看整个公司的人际关系，似乎变得有些微妙，没有以前和谐了，员工的离职率也开始上升。宋先生很困惑：“不是说绩效考核能激发员工的积极性吗？为什么我的‘月度绩效考核’没有收到效果，反而产生了负面影响呢？”

得知宋先生的困惑，我看了看他公司给员工的考核结果，发现一个最大的问题，就是缺乏量化的考核指标。这样导致很多工作难以实现客观的考评，考核人员在给大家做业绩评估时，难免会因为个人喜好，造成考核结果不公正，难以让人信服。

从公平的角度看，员工会将自己的付出和所得进行比较，也会将自己的所得和周围人的所得进行比较。不论哪种比较，只要出现了不平衡，员工就会产生不公平感，继而挫伤积极性，心生不满，甚至萌生去意。由此可见，量化的考核指标至关重要，它直接关系绩效考核能否公平公正地反映员工的实际业绩。

有一家机构对200家中小企业进行了一次调查，发现60%的企业绩效考核流于形式，主要表现为考核标准无法量化。怎样才能让考核标准可量化呢？那就是将考核落实到每一个细节上，也就是把一个笼统的考核标准具体到多个考核指标上，比如，“优”有哪些指标？业绩上必须达到什么标准？考勤上要达到什么标准？工作态度上要达到什么标准？等等，都应有具体的标准。通过对这些指标进行考核，得出一个量化的数据。这样一来，考核的结果就非常明晰了。

要想确保绩效考核指标的可量化性，管理者在制定考核指标时，需要注意以下三个问题：

（1）团队的经营目标要有衡量的标尺。

在设计绩效考核指标时，管理者需要根据团队的发展情况，设定一个经营目标，比如年盈利5000万元。有了这个目标后，管理者再来思考：怎样才能达到这个目标？各个员工需要达到什么样的年度目标？如此，绩效考核的指标才有制定的依据。在设定团队的经营目标时，可以从以下四个维度来设定衡量的标尺（如图5-3）。

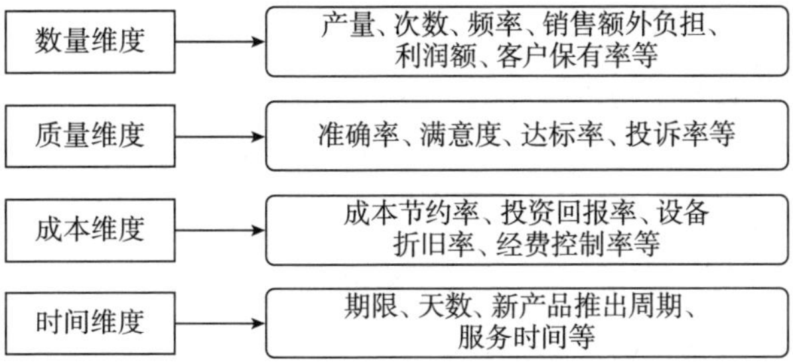

图 5－3　衡量团队绩效目标的四个维度

具体来说，管理者可以从数量、成本等角度来设定定量的目标。比如，公司的营业额、招聘人数等。从质量、时间的角度来设定定性的目标，比如，客户满意度、产品投诉率、方案通过率等。

（2）设定绩效考核指标要坚持“四化”标准。

有了团队经营目标之后，管理者在设定绩效考核指标时，要坚持“四化”原则。所谓“四化”原则，如图 5－4 所示。

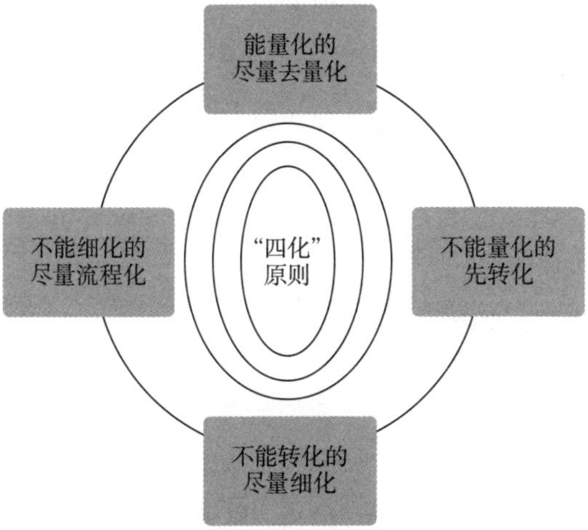

图 5－4　“四化”原则

原则 1：能量化的尽量去量化。

企业很多工作都可以直接量化。比如，培训工作做得好不好，可以用培训次数、培训时间、培训支出、员工对培训的满意度等指标去量化；产品卖得好不好，可以用销售额、销售增长率、市场占有率等指标去量化。

在本节后文，我们附上八种常见的量化绩效考核指标的方法。

原则2：不能量化的先转化。

有些工作不能量化、比较笼统，我们可以先将其转化。比如，提高产品质量、严抓安全生产等工作，由于不能直接量化，我们可以先将其转化，转化的工具就是数量、质量、成本和时间等元素。

原则3：不能转化的尽量细化。

有些岗位的工作较为繁琐，无法确定其工作的核心是什么，不便于量化，而且量化了也不一定保证全面、客观。比如，办公室主任、内勤人员等。对于这类岗位，我们可以采取目标细化的方式：首先对这些岗位进行盘点，找出这些岗位所承担的关键职责，然后用合适的指标进行量化。这样，经过细化的指标基本上就能够涵盖其主要的工作内容。

原则4：不能细化的尽量流程化。

有些岗位的工作比较单一，不能量化，也无法细化，比如，打字员、会计、培训专员、监督员等，有工作就做，没工作就不用做。对于这类工作，我们可以采用流程化，将这些工作按照流程进行分类。比如，打字员的工作流程是接稿→打字→排版→交稿。针对每个流程，我们可以从多个维度来衡量。

（3）针对定性考核的内容进行打分评估。

在考核绩效时，并不是什么工作都可以量化。如果一刀切，硬性要求量化，就会出现僵化。但即使不能量化，也要进行考核。对于没有量化指标的工作，我们可以对其进行定性考核。考核的对象主要是职能性工作人员，比如，人力资源工作人员、内勤人员等。

一般来说，定性考核有以下六项内容，如图5-5所示。

定性考核的方法多以公开投票、民主评议的方式进行，也可以用表格的方式进行打分。

总而言之，绩效考核的指标必须尽量量化，这是管理者做好绩效考核的第一步。完善的绩效考核体系，必须坚持以量化（定量）和非量化（定性）的形式相结合，才能取得更好的效果。在这里，我们以附录的形式，

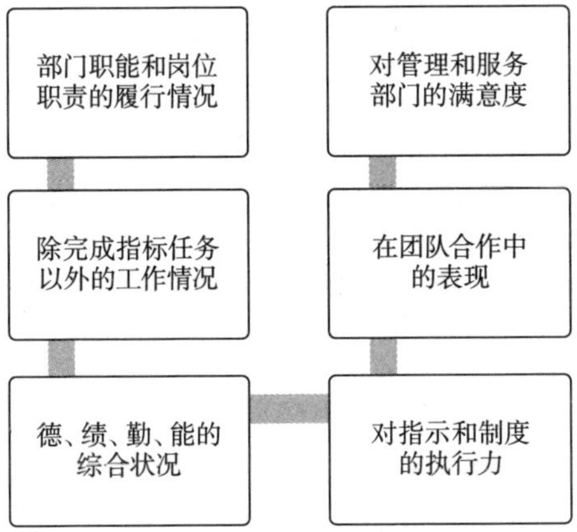

图5－5　定性考核的六项内容

介绍常见的八种量化考核指标的方法，帮助绩效考核更好地落地。

附：八种量化考核指标的方法

方法1：时间量化法

从时间维度（即时效性）实现考核指标量化的方法。比如，任务完成时间、期限天数、进度、周期等考核指标。

方法2：统计结果量化法

按照任务完成后的状况，直接给出数字化的任务结果。比如，生产量、销售额、销售周期、利润率等量化指标。

方法3：频率量化法

根据完成任务的频次或行为表现的频次计算出结果的方法，例如，及时性、出错次数、完成次数、周转速度等指标，就是按照频率量化法设定的。

方法4：目标达成情况量化法

将完成任务后的结果与事先期望的目标进行比较，得出可衡量的目标与实际的差异的方法，比如，计划达成率、目标实现率、工作落实率等。

方法5：分段赋值量化法

将不同程度水平的任务达成或行为表现情况进行区间赋值，通过对应区间直接找出考核结果分值的一种计量方法。运用这种量化法时，要充分考虑分段区间设置及其对应分数区间设置的合理性、公平性，并结合企业的实际情况与特点。

方法6：打分量化法

对任务完成的不同状态进行打分的量化方法。比如，同样是完成销售目标，超额完成目标可得5分，按期完成目标可得4分，延期完成目标只能得3分。

方法7：余额控制量化法

针对完成任务后余下的额度所代表的工作价值进行评估的一种计量方法。比如，预算余额控制率、应收账款余额控制率。

方法8：行动量化法

从分析完成某项结果出发，明确需要采取什么样的行动，并对这些行动设定考核指标的一种方法。例如，管理者想要提高管理效果。针对这个问题，明确员工需要做什么，通常说员工应该采取的行动有很多：

（1）加强沟通，确定上级与下属沟通面谈的次数。

（2）加强培训，确定企业管理培训的次数、质量。

（3）引进新的人力资源管理考核激励体系等。

可见，要想实现“提高管理效果”这一目标，可以拆分出多个考核指标。这些指标并不仅仅是管理者自己的，有很多指标是下属必须负责的。

5.4
差别化考核：岗位不同，考核方式不同

绩效考核一定要讲公平，一视同仁。但这并不等于说对所有人都用一套考核标准来考核。如果不分清部门、岗位之间的差别，都按照一种标准去考核，就无法体现出各岗位的特殊性。考核的结果也就失去了客观性，难以让人信服。

有个 IT 公司来了一位新经理，他制定了一个绩效考核方案，要求公司所有的部门都用这个方案去考核。这样一来，问题就出现了。市场部可以用业绩说话，生产部的业绩也可以量化，但是研发部、行政部、采购部却没有明确的绩效量化标准，每次考核结果都不能使他们满意。最终，研发部经理负气离职。这给公司造成了很大的损失，因为研发对于 IT 公司如同命脉。

还有一家公司工程部的经理，也遇到了类似的情况。他的部门作为一线部门，每天在外面打硬仗，累死累活。可是一个季度下来，坐办公室的员工绩效考核成绩全是“优”，而他们的绩效考核大多不合格。为什么会出现这种状况呢?

原来，这个公司的绩效考核实行百分制，设定了 6 个指标，各个指标占一定的权重。相对于一线部门，行政办公类的指标更多的是正常职责内的岗位要求和定性指标。一线部门的指标多为量化指标，且有一定的挑战

性，指标达成难度比较高。因此，他们在绩效考核中非常吃亏，往往付出极大的努力，取得突出的业绩，也只能勉强得到“良”的考核成绩。所以，他们觉得非常不公平，有的员工甚至拒绝参与绩效考核。

其实，这是很多公司在实行绩效考核时存在的通病，即一个考核标准走到黑、一个考核标准适用于全体人员，而不考虑各岗位工作的具体情况。那么，该如何避免这种考核现象呢？我们不妨看看美孚公司在考核绩效时的做法。

美孚公司的绩效考核标准比较完善，他们除了一些考核指标适用于全体员工外，还针对不同部门、不同岗位，设定了相应的绩效考核指标。比如，针对销售部，以量化指标为主，针对行政部，以定性指标为主；在定性指标下，又有细化的评估标准。这样就能通过绩效考核最大程度地反映各部门、各岗位的真实业绩和贡献。

通过以上例子的对比，我们可以明确一点：在考核绩效时，根据岗位特性的不同，设定更有具针对性的考核指标，实行差别化考核才是明智之举。那么，管理者在针对不同部门、不同岗位设定绩效考核指标时，要注意什么呢？下面我们就来具体分析，如图 5－6 所示。

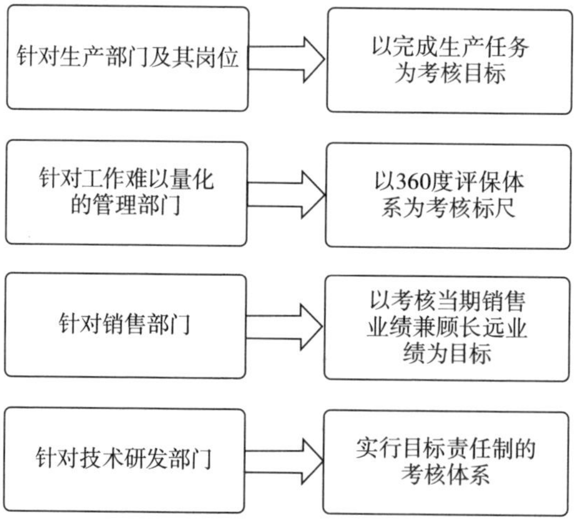

图 5－6　差别化考核的常见策略

（1）针对生产部门及其岗位，应以完成生产任务为考核目标。

生产部门及其岗位的职责就是生产产品，对其进行考核时，应以完成生产任务为指标，包括任务完成的期限、生产效率、产品质量等等。在考核之前，应以生产操作考核细则为基础，要设定相关的绩效考核指标。

有一家制药公司要对生产部设定具有针对性和实用性的考核指标，于是车间管理人员和各生产小组组长到车间开展调查研究。根据药品生产管理规范的要求，结合各工序的实际特点，把考核标准细化成各个工序岗位的具体考核指标，从基层管理人员到生产一线员工，设定了不同的考核指标、考核侧重点。确保各个绩效考核指标切合实际，具有可执行性。

（2）针对工作难以量化的管理部门，应以 360 度评估体系为考核标尺。

有些部门及其岗位的工作很难量化，比如，管理部门、行政人员，你没法考核他们的业绩。为了更加准确地评价这类岗位从业者的工作表现，同时又避免出现主观偏见和片面性，管理者应该从多个角度进行绩效考核，而不是简单地从上司的角度进行考评。

比如，对于从事人力资源工作的人员，我们除了评估其人才招聘效率，还应该评估其交际和沟通能力、亲和力、包容性；对于财务人员，我们可以评估其工作的细致性、原则性。而且，我们还可以从多个角度去评价这类岗位，比如，既从上司的角度去评估，也从同事的角度去评估；如果是年度绩效考核，还可以从团队成员、服务对象等角度去评估。

（3）针对销售部门，应以考核当期销售业绩兼顾长远业绩为目标。

对于销售人员的考核，应打破以往单一的考核模式——只考核销售额、回款额等指标，而应该设立多目标的考核体系，对销售额、回款额、回款周期、销售增长率、销售利润率、产品市场占有率、新产品销量、新客户增长率、客户满意度、销售费用率等方面进行考核。通过对这些指标的考核，可以充分体现出对销售人员当期业绩和长远业绩的双重重视，充分调动销售人员的积极性，激发销售人员的聪明才智。

（4）针对技术研发部门，应实行目标责任制的考核体系。

在考核技术研发部门的员工时，我们应实行目标责任制的考核体系，即每年或每个季度给研发部设定“跳一跳、够得着”的研发目标，并对研发项目进行分解，确定相关的研发任务、完成时间、数量、质量等。然后，到了月底或年底进行考核。至于在一个季度或年度内，研发部员工以何种状态对待工作，并不是管理者最关心的。这样可以让研发人员拥有较大的自主研发性，激发他们的创造力，使之为目标而奋斗。

总之，虽然绩效考核的指标和考核方法不同，但最终的目标是一致的，就是为了让员工能够表现出最好的状态，在相应的岗位上取得理想的业绩，为公司做出最大的贡献。

5.5 周期化考核：限定时间不突破

不少管理者反映，实行绩效考核之后，员工的积极性未见提高，业绩也没有提升。在造成绩效考核效果不佳的原因中，有一个原因我们不得不提，那就是绩效考核的周期不合理。考核周期不合理，有四种常见的表现，如图 5－7 所示。

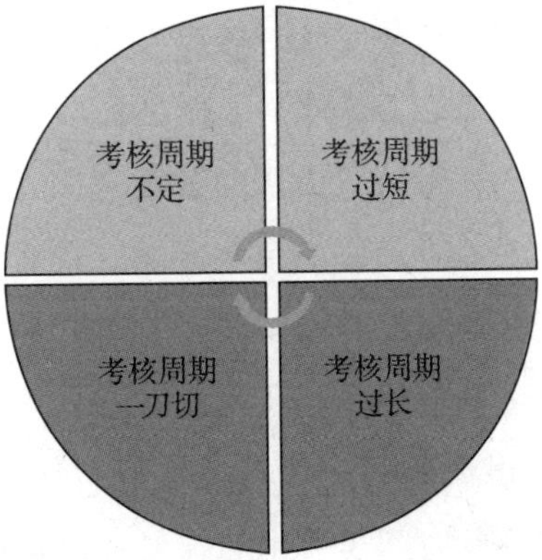

图 5－7　考核周期不合理的四种表现

表现 1：考核周期不定。

有些管理者喜欢采取突袭的方式进行绩效考核，什么时候想到了绩效考核，突然就来考核一次。就像领导不定期地检查工作，想以这种方式促使员工保持积极性。然而，这种不定期考核的做法，并不能客观地反映员工的真实业绩，而且还会导致员工无法安心工作。

赵昀是一家公司的财务人员，她说自己每天上班就没法安稳地工作。因为公司的考核人员随时可能来检查工作，并将检查的结果纳入绩效考核成绩中。如果绩效考核成绩不达标，就会面临扣工资的处罚。而有些月份，可能几个月也不会考核一次，但由于不定期的考核，她经常提心吊胆地工作，生怕工作出了差错被扣钱。

表现2：考核周期过短。

考核周期过短指的是两次考核之间间隔的时间太短。考核周期过短，造成的不良后果有两种：

第一种是绩效考核工作压力过大。

实行绩效考核是需要成本的，而且有失败的风险。如果考核周期太短，就意味着考核人员的工作量增大了，工作压力增加了。同样是绩效考核，如果每星期考核一次，或每半个月考核一次，相对于每个月考核一次或每季度考核一次，工作量、工作压力显然更大。

工作量大主要表现为，考核人员要向各被考核人员收集业绩数据，填写多种表单，还要统计、核算最终的绩效成绩。最后，很可能耽误正常工作的开展，而且绩效考核成绩也难以保证。

第二种不良后果是考核信息不客观，考核成绩失真。

我们知道，工作取得成效有一个过程，有些工作出成效需要的时间短，有些工作出成效需要的时间长。由此，考核就应该有短期指标、长期指标以及不定期指标。

比如，快速消费品行业的销售人员的销售收入指标，就可以用较短的考核周期进行考核，因为销售数据能在较短的时间内统计出来。而企业文化的建设成效，则无法在短期内衡量和考核。

从考核的准确性角度来说，对于长期指标和不定期指标的考核，不宜采用过短的考核周期。过短的考核周期意味着被考核的工作尚未见成效，在这种情况下强行考核，会因考核信息不客观而导致考核成绩失真。

表现3：考核周期过长。

考核周期过长指的是对于被考核的工作，本来能在较短的时间内见成效，也能在较短的周期内准确考核，但仍然设计了过长的考核周期。比如，对于销售人员可以实行月度或季度考核，但企业却采用年度考核，周期拉得过长，也会造成一些不良后果。

第一，考核结果的应用不及时，激励效果不佳。

我们知道，绩效考核不是目的，运用绩效考核成绩来激励和鞭策员工，以促使员工取得更好的业绩，才是绩效考核的目的。如果绩效考核周期太长，那么员工好的绩效表现或不好的绩效表现，不能及时反馈出来，也就无法对员工产生激励或鞭策作用。

例如，某员工在1、2、3月份业绩都很突出，但由于公司实行的是年度绩效考核，那意味着这三个月的突出表现，要到年底才能获得相应的奖励。这样一来，激励效果就会大打折扣。反之，员工在1、2、3月份业绩不佳，但要到年底才进行绩效考核，那就失去了改进业绩的最佳时机。

第二，造成被考核人员出现短期的急功近利行为。

为什么考核周期过长，反而会造成被考核人员出现短期的急功近利行为呢？这是因为在不被考核的时间内，被考核人员可能不重视做好手头的工作，而考核时间临近，才临时抱佛脚，毕其功于一役。

比如，对销售人员实行年度绩效考核，销售人员在上半年可能不那么努力工作，到了下半年甚至到了考核前几个月，才临时突击，拼命努力去完成全年销售指标。虽然在整个考核周期内，销售人员知道自己的业绩怎么样，但人是有惰性的，他不会产生相应的调整行为，也没有足够的紧迫感。

表现4：考核周期一刀切。

考核周期一刀切，指的是不分岗位、工作性质，全部采用相同的考核周期。比如，对销售人员和研发人员，均采用月度绩效考核，这样就很容易让研发人员感到不公平。因为研发工作在较短的周期内很难出成效，不适合采用较短的考核周期。

既然考核周期过短、过长都会造成不良后果，那么如何设定合理的考核周期，保证周期化绩效考核的效果呢？这要根据以下三个要素来设计考核周期，如图5－8所示。

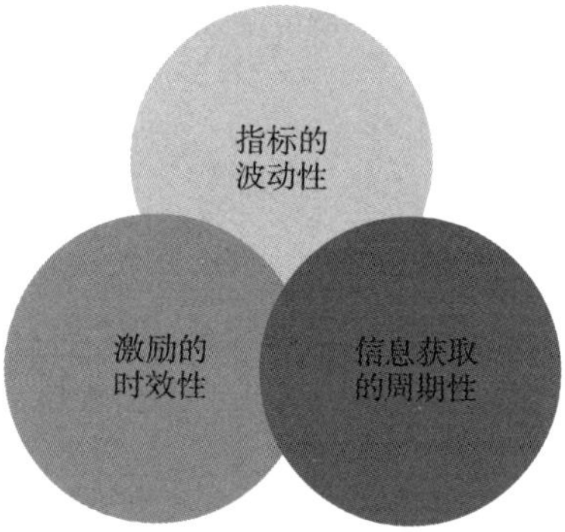

图5－8　设计考核周期的三个参考要素

因素1：指标的波动性。

所谓指标的波动性，指的是指标受外部因素影响的程度。在不同的考核周期中，以月度为考核周期的指标波动性最强，以季度为考核周期的指标波动性居中，以年度为考核周期的指标波动性最小。比如，销售数据受市场环境、促销方案的影响就很大，波动性很强，如果实行较长的考核周期就不合适了。

因素2：信息获取的周期性。

绩效考核离不开考核信息、数据的支持，如果这些信息在短期内无法获取，但公司却实行较短的考核周期，那就很容易造成考核信息、数据失真，最终造成考核成绩不准确。比如，对行政内勤类岗位、研发岗位的绩效考核，在短期内难以取得成果，考核周期可以是半年、一年；反之，如果考核信息、数据能够在较短的周期内获取，公司却实行较长的考核周期，那么真实的信息、数据就不能及时反映到员工绩效上来，无法起到应有的激励或鞭策效果。

因素3：激励的时效性。

实行不同的考核周期，对被考核人员所产生的激励性也是不同的。以月度为考核周期的激励时效最强，以季度为考核周期的激励时效居中，以年度为考核周期的激励时效最弱。因此，在设计绩效考核周期时，管理者需考虑绩效考核的激励目标，比如，对销售人员的绩效考核，考核的指标集中在销售额、回款、利润率、客户满意度等方面，这些指标的收集都比较容易。为了对销售人员进行及时激励，建议以月度为考核周期。

5.6

公开化考核：结果公开方能消除质疑

作为一项与公司和员工利益息息相关的管理工作，绩效考核是企业在既定战略目标下，运用特定的标准和指标，对员工在工作中取得的业绩进行评估，并运用评估的结果对员工将来的工作和业绩进行正面引导的一项工作。如果能够将绩效考核结果公开，让全体员工都知道自己的考核成绩，知道别人的考核成绩，那无疑是体现企业绩效考核民主公正的重要手段。

那么，公开绩效考核结果，具体有什么作用呢？如图5－9所示。

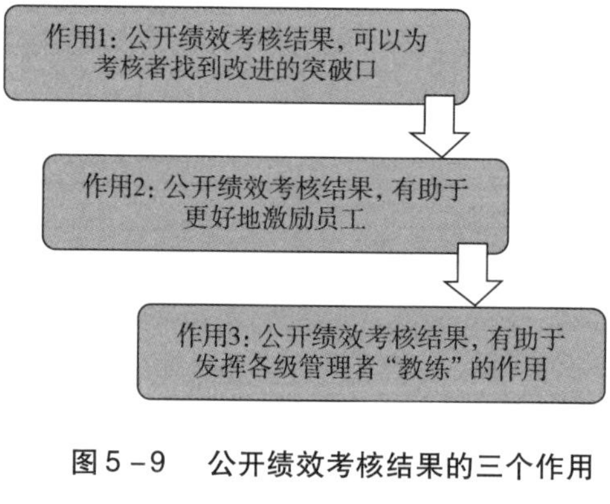

图5－9　公开绩效考核结果的三个作用

作用1：公开绩效考核结果，可以为考核者找到改进的突破口。

“公平”与“公正”的前提条件是“公开”。在绩效考核实际操作中，考核者很难保证考核的绝对公平与公正。但如果适度公开考核结果，就可以增强绩效考核的透明度，发挥群众监督的作用，这样有助于减少考核者主观评价的随意性。

实施绩效考核的目的，一方面是为了激励员工持续改进工作业绩，另一方面绩效考核体系也需要改进。如果能广泛收集大家对绩效考核的意见，并甄别其中有价值的意见，就可以找到改进绩效考核体系的突破口。不要害怕公开绩效考核结果会引起员工争议，员工的争议恰恰能为考核者改进绩效考核体系找到突破口。

作用2：公开绩效考核结果，有助于更好地激励员工。

绩效考核为什么能发挥激励作用呢？首先，绩效考核成绩与员工的薪资有关，有怎样的绩效考核成绩，就可以获得相应的绩效奖金。

其次，绩效考核成绩与职位晋升有关，公开绩效考核结果，有利于形成公开透明的晋升规则，使员工知道业绩在达到什么水平的情况下可以晋升。这必然会促使有进取心的员工努力朝那个业绩目标努力。

再者，个人的绩效考核成绩与他人的绩效成绩也有关。大多数人在工作中都会有意无意地与他人比较，当绩效考核结果公开时，大家不仅知道自己的考核成绩，还知道别人的考核成绩。在相互比较中，可以激励大家努力提高自己的业绩。

作用3：公开绩效考核结果，有助于发挥各级管理者“教练”的作用。

各级管理者在绩效考核中，发挥着重要的协助作用，不仅要收集下属的业绩信息和数据，还要在绩效考核结果出来后，及时对下属进行绩效面谈。谈什么？怎么面谈呢？如果公开了绩效考核结果，管理者就可以向员工了解他们对自己业绩的看法，以及需要提高的方面。因为员工在看到他人的业绩后，可以进行业绩对比，从而发现自己的不足之处。

那么，在公开绩效考核结果时，需要注意什么呢？

（1）因地制宜，因时制宜。

主张公开绩效考核结果，并不是绝对的，因为凡事都有利弊。在不同的企业中，绩效结果是否公开、如何公开，需要因地制宜、因时制宜。例如，对于业绩非常糟糕的员工，我们在公开其绩效考核成绩时，有必要与他进行沟通，看他是否愿意公开自己的绩效考核成绩。如果他不同意，那最好尊重他，不要公开他的绩效考核成绩。

为什么要尊重员工的态度？这就好比学生考试，有个学生没考好，不想把自己的分数公布出来，聪明的老师应该照顾其自尊心。往往这样的学生，会努力提高成绩，不甘人后。同样，管理者对待员工也应该如此。

（2）多种方式，公开结果。

公开考核结果的方式多种多样，可以张贴海报，也可以在公司网站发布。现在很多公司都有自己的网站，或者公司微信群、QQ 群，每次考核完毕后，可以把考核结果发到网站上、群里，供大家浏览。

同时，做好接受员工反馈的心理准备，因为考核成绩出来后，有些员工可能会对考核成绩产生不满，会提出质疑，会出现争议。考核者要以开放的心态接受意见反馈，并耐心地给反馈者解释，以安抚反馈者的情绪。当然，也要善于从反馈的意见中反思考核工作存在的不足之处。

第6章

奖分激励，激发员工内在驱动力

团队发展离不开员工对指标的完美落实，达成这一结果，不妨运用奖分激励员工。所谓奖分激励，是指以奖分来衡量员工的自我价值，反映和考核员工的综合表现，然后再把各种福利待遇与奖分挂钩的激励方法，奖分高的员工可以获得更多福利，从而达到激发员工的主观能动性、充分调动员工积极性的目的。

6.1 业绩越好，奖分越多，待遇越好

日本经营之神松下幸之助曾问一名员工："如果公司付给你 1000 日元的工资，你应该做多少事情才对?"

员工说："你给我 1000 日元，我就给你做 1000 日元的事。"

松下幸之助说："如果真是这样的话，那么公司要开除你的，因为公司给你 1000 日元，你就做 1000 日元的事，公司赚不到一分钱的利润，这是在赔钱。所以，公司不会聘用你了，你会失去工作，一分钱也领不到。"

这个例子告诉管理者们，要经常算一算员工为公司创造了多少价值?再对比公司给员工支付的薪水，看一看员工是否物超所值。只有物超所值的员工才是企业需要的员工，才配得上企业下血本去挽留和重用。

正如美国惠普公司创始人比尔·休利特和戴夫·帕卡德所强调的："只有在员工为公司创造出丰厚利润的条件下，他们的奖金和工作才能得到保障。公司只有实现了赢利，才能把赢利拿出来与员工分享。"

对于业绩优秀的员工，企业通常的做法是在绩效考核之后，直接给员工相应的绩效奖金。这种激励方式虽然直接有效，但也会显得过于功利，会让员工眼里只有钱。而且从某种程度上来说，这并不利于留住优秀的人才。

以房地产行业为例，销售员靠卖房子获得提成。卖出的房子越多，意

味着业绩越好，所获得的提成就越多。但是物极必反，优秀销售员获得的提成越多，可能意味着他们离职也越快。因为有远大理想的人一旦攒够了创业资金，就可能想去创业。

那么，有没有办法留住优秀人才，让他们长期为公司效力呢？答案是肯定的，那就是实行奖分激励。所谓奖分激励，指的是通过给员工奖分的方式来激励员工。为什么奖分可以激励员工呢？因为奖分与薪酬、奖金、各种福利待遇挂钩，最终决定了员工的实际收益。换言之，奖分制管理就是用奖分对人的能力和综合表现进行量化考核，以奖分来衡量人的自我价值，从而激发人的主观能动性，充分调动人的积极性。

实行奖分激励之后，销售员卖出一套房子后，不仅可以得到提成，还可以得到一定数量的奖分。卖的房子越多，销售业绩越好，得到的提成和奖分就越多。每个月员工所得的奖分，还可以兑换相应的福利待遇。这对员工相当于是双重奖励。

更重要的是，只要员工一直在公司，那么奖分使用之后不减分、不清零，多次重复使用后不作废，从而保证奖分的长效激励作用。在这种情况下，员工往往就舍不得离开公司。因为随着工作年限的增长，他们会对公司产生强烈的归属感。这种归属感单纯用金钱去奖励是换不来的。这就是奖分激励的巨大魅力。

对于企业来说，给员工再多的金钱奖励，那也是短期激励。而给员工奖分，则是长期激励。长期激励可以解决员工的归属问题，让员工真正把公司当成自己的家，把工作当成自己的事业，长期效力于公司，为公司贡献力量。

那么，除了针对员工出色的业绩进行奖分激励，我们还应该对员工一切为公司创造价值的行为给予奖分激励。这方面的行为主要有以下三类，如图 6－1 所示。

第一类行为：为公司解决问题、消除危机。

在很多公司里，都有这样一类员工：他们的工作能力不是最好的，业绩也不是最突出的，但却是不折不扣的“救火大师”。当公司出现问题或

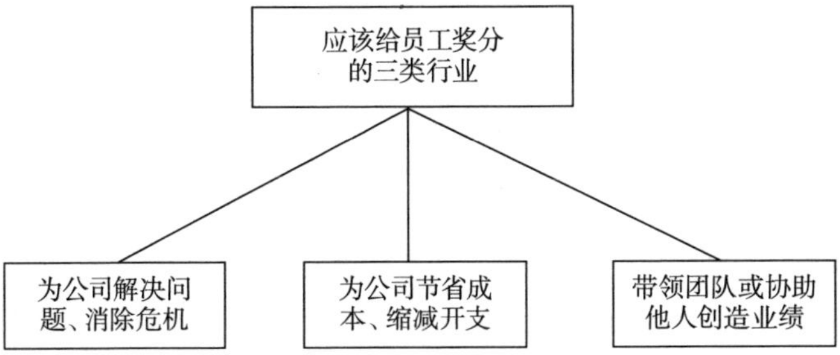

图6－1　应该给员工奖分的三类行为

危机时，他们能及时挺身而出，解决问题、消除危机。这样的员工也是有功之臣。比如，企业安全事故、企业产品质量被曝光等，如果有善于处理危机的员工站出来，那么对企业无疑是最好的保护。因此，我们应该针对这类行为，设定相应的奖分，对做出这类行为的员工，予以相应的奖分激励。

第二类行为：为公司节省成本、缩减开支。

有句话说得好：省钱就是赚钱。企业要想提高盈利额，除了“开源”，还应该“节流”，即有效控制经营管理成本，缩减开支。因此，管理者除了要给为公司创造利润的员工奖分，还应该给那些为公司节省成本的员工奖分。

股神巴菲特在投资初期，曾收购过一家公司的股份。第一次在这家公司召开董事会时，他见很多人都在抽名贵的雪茄，他非常生气地说：“你们都在用我的钱抽雪茄。”巴菲特对节省的员工十分欣赏，他觉得懂得节俭的人能管好公司，值得信赖。

第三类行为：带领团队或协助他人创造业绩。

企业里有一些员工冲锋陷阵的能力一般，但却能带领一帮人，很好地完成工作任务。这种员工具有较强的组织、领导力，能协调众人，心往一处想，劲往一处使。就像有些人，不一定是优秀的球员，但却是优秀的教练。他们甘当配角、协助他人，高质量地完成工作任务。这类行为也应该给予奖分激励。

讲到这里，可能有些人已经忍不住要问了，员工得到奖分后，到底能用奖分兑换什么呢？一般来说，奖分可以兑换下面四种福利，如图 6 –2 所示。

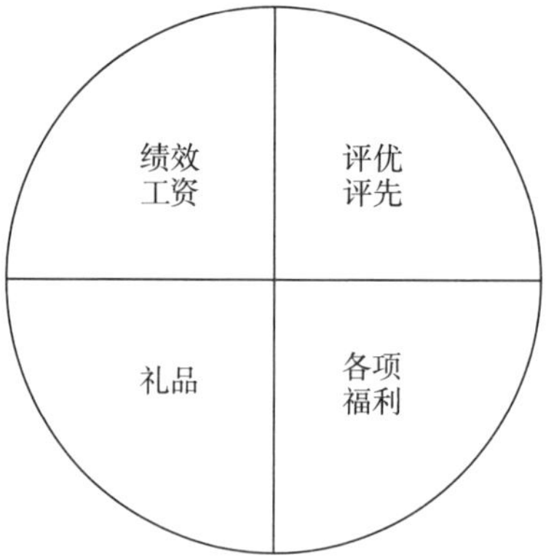

图 6 –2　奖分可兑换的四种福利

（1）绩效工资。

企业可以将员工的奖分划分为不同的档次，如 1000 ~1999 分，2000 ~2999 分，3000 ~3999 分等，然后设定相应的绩效系数。也可以设定基础分值，根据达成情况适当增减绩效工资，比如基础分值往上浮动 3% 以内正常发放，超过上限，奖励一定额度。

特别要注意的是，不要将奖分作为个人绩效工资发放的主要因素，或者与奖分相关的绩效工资占比过高。否则，会导致员工过于关注奖分，这与奖分制管理所提倡的快乐工作以及注重精神激励、荣誉激励的导向是背道而驰的。

（2）评优评先。

在月度、年度评优评先活动中，企业可以直接以员工的个人总奖分为评定依据，由此评选出来的优秀员工、先进员工更容易得到大家的认可。

（3）各项福利。

在传统的管理模式下，福利项目都是固定发放或者根据员工的资历、职务级别来发放的，完全沦为一种形式化的东西，对员工几乎起不到激励作用。获得各项福利的员工，往往认为这是理所当然的。在实行奖分激励后，将员工享受福利的条件及标准与每月总奖分挂钩，那些在企业工作时间越长、各方面表现越突出、业绩越好的员工，其所获得的奖分就会越高，所能获得的福利也就越好，这对员工可以起到长期的激励效果。

（4）礼品。

在实行奖分制奖励时，企业可以参考商场、超市会员积分兑换礼品的思路，设立内部奖分兑换机制，员工可以按照不同的奖分兑换标准兑换相应的礼品。所谓的礼品，既包括物质上的，也包括精神上的，比如休假、旅游、培训，甚至是内部抽奖券等。不同于商场、超市积分兑换礼品，员工的奖分兑换礼品后，奖分不清零，将来还可以使用，从而对员工起到长期的激励作用。

6.2 将工作态度纳入奖分激励项目

在传统的管理模式下，绩效考核主要考核员工的业绩，以结果论英雄，以成败论英雄。这样对于在工作中态度积极，但业绩不突出的员工，缺少了应有的激励。事实上，企业里这部分员工往往是主体，他们默默无闻、脚踏实地的付出，才是团队稳定的根基。但实行奖分激励后，对于这类员工就可以产生有效的激励。

在奖分激励中，一个人所获得的奖分分为两类：一类是能力奖分，也叫基础奖分或固定奖分；一类是表现奖分，即综合表现所获得的奖分。能力奖分很好理解，它指的是在以下六个方面（如图6－3所示），每月给员工一定的奖分，具体内容在后一节的附录里会详细介绍。

以上六个方面，综合在一起代表的就是员工的能力。能力越强的人，每个月得到的固定奖分就越多。同时，这些能力又是相对拥有的，因为可以通过学习发生变化。企业可以根据自己所认定的标准来设计各个能力的奖分数。

再来看表现奖分，它与能力既有联系，又有差别。能力强的员工不一定表现好，能力稍差的员工也不一定表现不好。因为一个人的业绩表现，与其意愿、工作态度、职业素质等诸多因素有关。因此，在实行奖分激励时，能力奖分在个人总的奖分中占比不宜超过30%，剩下70%的奖分，主

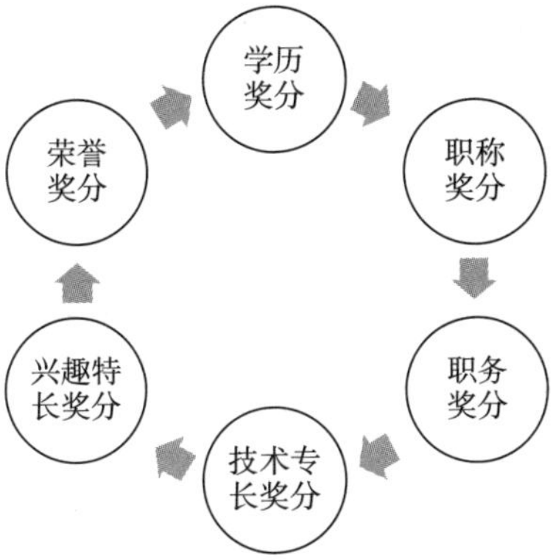

图6－3　能力奖分的六个方面

要靠工作表现和工作态度来获得。

如果说工作表现，主要体现于做事方面。那么，工作态度，主要体现于做人方面，即一个人在工作中表现出来的工作热情、敬业精神、责任心、事业心、团队精神、思想觉悟等。

在工作热情方面，你的团队里肯定有不畏困苦、迎难而上的员工，也有见到困难就绕道走，不敢直面困难的员工。但实行奖分激励后，前一种员工可以得到奖分，后一种员工得不到奖分。在奖与不奖之间，两种员工的奖分数就拉开了距离。

在敬业精神方面，你的团队里肯定有服从安排、尽心尽力、带病工作的员工，也有动不动就请假的员工，甚至在公司最需要他们的时候，他们却找理由退缩。但实行奖分激励后，前一种员工可以得到奖分，后一种员工得不到奖分。在奖与不奖之间，两种员工的奖分数又拉开了。

在责任心方面，你的团队里肯定有一些员工会把团队的事情当成自己的事情来做，而有些员工则事不关己，高高挂起。比如，地上有个未踩灭的烟头，有些员工会踩灭，并将烟头捡起来扔进垃圾桶，以防引起火灾，而有些员工会视而不见，认为不关自己的事。实行奖分激励后，前一种员工可以得到奖分，后一种员工得不到奖分。在奖与不奖之间，两种员工的奖分数又拉开了。

在事业心方面，你的团队里肯定有这样一类员工，他们上班不只是为了赚钱，还可能是被你们团队的文化吸引了，被你的领导魅力吸引了，或喜欢你们团队的工作氛围，或看好你们团队的发展前景。而有些员工来公司上班，眼里只有钱，你跟他说："今天晚上有个事情很紧急，你加一个小时的班，帮忙处理一下！"他马上跟你谈条件："给加班费不？"他只关心每个月能赚多少钱。你跟他说，过两三个月给你涨工资，他甚至都没耐心等。实行奖分激励后，前一种员工可以得到奖分，后一种员工得不到奖分。在奖与不奖之间，两种员工的奖分数又拉开了。

在团队精神方面，你的团队里肯定有这样一类员工，他们懂得与他人合作，乐于协助他人完成工作，而有些人则喜欢单打独斗，不愿意和他人配合。实行奖分激励后，前一种员工可以得到奖分，后一种员工得不到奖分。在奖与不奖之间，两种员工的奖分数又拉开了。

在思想觉悟方面，你的团队里肯定有这样的员工，他们在他人需要的时候，能够及时搭把手，帮个忙，而有些员工一心只想自己，同事在工作中遇到了困难，哪怕是举手之劳的事情，他也不愿意帮忙。实行奖分激励后，前一种员工可以得到奖分，后一种员工得不到奖分。在奖与不奖之间，两种员工的奖分数又拉开了。

总之，无论员工的业绩如何，只要员工在公司一天，他的正能量行为都值得肯定和奖励。通过奖分激励，不断弘扬积极行为，引导正能量的传播，使整个企业充满好的风气。这样的企业才会充满希望，充满活力。这就叫把工作态度纳入奖分激励项目。

把工作态度纳入奖分激励项目，还应特别关注员工的三类事，因为这三类事充分反映了员工的工作态度，如图 6-4 所示。

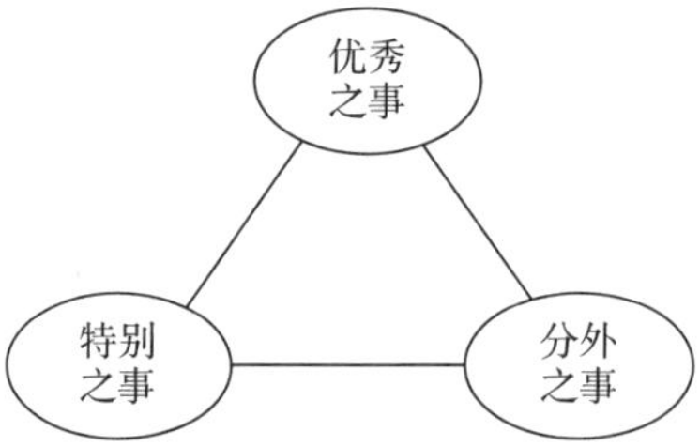

图 6-4　能够反映员工良好工作态度的三类事

（1）优秀之事——超越公司指标，或有较大进步。

什么叫“优秀之事”，所谓优秀之事，指的是比公司定的标准做得更好的事情。比如，产品质量检测岗位有个零差错指标，员工达到这个指标，这不算优秀之事，因为这是公司规定的正常指标。但如果公司定的一个指标叫“回款率80%”，而销售员不仅达到这个指标，还远远超过这一指标（比如，回款率达到90%），那么这就是优秀之事。对于这一行为，应该给予一定的奖分激励。

当然，到底什么样的事情才算优秀之事，管理者可以根据公司的实际情况，以及对公司的期望和要求来定。

（2）分外之事——员工做了超出岗位职责的事情。

分外之事，顾名思义，就是员工做了超出本职岗位之外的事情，能够在完成本职工作的同时积极做分外之事的员工，其工作态度可见一斑。比如，公司的设计人员在工作之余，把公司产品介绍给朋友，朋友认可了产品，从公司订购了大量产品，这就是分外之事。员工做了分外之事后，管理者可以根据分外之事给公司带来的价值大小，给员工一定的奖分激励。比如，分外之事给公司带来的价值达到1000元，给5个奖分；价值达到1万元，给予50个奖分。这样对员工就很有激励性。

（3）特别之事——奖分项目之外的有价值的事情。

所谓特别之事，指的是管理者所定的奖分项目之外，对公司有价值的事情。因为奖分的项目再多，也不可能涵盖所有，总有管理者没有想到的对公司有价值的行为。比如，拾金不昧者，可获得5个奖分；参与公司组织的活动，获得5个奖分等。因此，当员工一些好的行为不在公司预先制定奖分项目和奖分标准之中时，管理者要以“对公司有价值”为评判原则，给予员工一定数量的奖分。

需要注意的是，以上三类事情，特别是第二和第三件事，在判断时很难有一个明确的、客观的标准。这就要求管理者尽量用客观的态度去评判，如果管理者一时拿不准，可以向上级汇报，与上级商议，再确定是否给予奖分激励，以及给予多少个奖分。

6.3 根据奖分数设定晋升与降职标准

员工自进入公司那天起，就会被分配一个初始奖分，也叫基础奖分（即任职职位的必要奖分，关于这个问题，见本节附录）。随着奖分数量的变化，奖分将是员工职位晋升的必要条件，也是职位下降的充分条件。每一年度的考核工作结束后，管理者可以根据员工的奖分数量，对照公司的晋升与降职对应的奖分数量标准，做出升职或降职决定。

有一家公司，不仅对各岗位的任职条件有清楚的规定，而且在满足这个条件的基础上，还必须满足相应的奖分指标。我们先来看看该公司各级岗位的任职条件。

销售员任职条件：

（1）具备大学专科及以上学历；

（2）具有半年以上销售经历，试用期满考核合格。

销售主管任职条件：

（1）具备大学本科及以上学历；

（2）从事销售工作 3 年以上；

（3）年度销售业绩在公司排名前三位；

（4）具有较强的管理、组织、协调、沟通能力。

销售经理任职条件：

（1）具备大学本科及以上学历；

（2）从事销售工作 5 年以上；

（3）年度销售业绩在公司排名前两位；

（4）具有较强的管理、组织、协调、沟通能力。

销售总监任职条件：

（1）具备大学本科及以上学历；

（2）从事销售工作 8 年以上；

（3）连续两年的年度销售业绩在公司排名前两位；

（4）具有较强的管理、组织、协调、沟通能力。

根据以上的任职条件，你会发现，所确定的任职人选并非唯一的。也就是说，满足担任销售主管、销售经理、销售总监的任职条件的人，可能同时有两人或三人。怎样从这两三人中，选出最终的晋升者呢？该公司想到了加入奖分指标。

加入了奖分指标后，销售主管的任职条件中，就多了一条“年度奖分数不得少于 1000 分”；销售经理的任职条件中，就多了一条“年度奖分数不得低于 1200 分”；销售总监的任职条件中，就多了一条“年度奖分数不得低于 1500 分”。

怎样才能让自己的奖分符合晋升指标呢？想获得晋升的员工首先要努力提高自己的业绩，因为业绩是加分的最重要途径，根据业绩设计的奖分比例是最大的。除了保证工作业绩、工作质量达到公司规定的相应指标，员工还需在其他方面拿出好的表现，争取获得加分。比如，保持良好的工作热情、责任心、敬业精神、事业心，多做分外之事和好人好事，积极参加公司举办的各种活动，做一个能够给公司创造价值，能够带给公司正能量的人。

该公司规定，如果既满足任职条件，又满足奖分指标，那么优先任用在职者。什么意思呢？举个例子，如果 A、B 两人的奖分都满足担任销售主管的标准，但 A 本来就是销售主管，而 B 是普通销售员。在这种情况下还应让 A 继续担任销售主管，而不是提拔 B。

当然，对于B员工，公司鉴于他的突出表现，根据他的奖分数量，会给予一定的福利待遇奖赏，以保护其工作积极性，激励大家向他看齐。

为什么继续让A担任销售主管呢？这样有利于团队的稳定，也能促使A保持危机感，保持高水准的工作。否则，他总有一天会被下属从销售主管的职位上挤下来。如果某个年度，A的奖分数达不到担任销售主管的奖分标准，那么A就将面临降职处罚，取而代之的是符合任职条件和奖分标准的人，或符合任职条件并最近接奖分标准的人。

附：基础奖分是怎么回事

基础奖分也叫能力分，指的是员工本身自带的学历、职称、技术专长、个人特长以及在公司担任的职务对应的相对固定的奖分。它主要包括以下几个方面的奖分：

（1）学历奖分

以往很多管理者认为，刚毕业的大学生没有什么经验，进到公司要从零做起。正因为如此，才导致很多新人进入公司得不到管理者的重视。而且老员工还瞧不起他们，认为他们要跟着自己学。

但实行奖分激励之后，新人的境遇就不同往日了。因为刚毕业的大学生拥有较高的学历，学历可以为他们赢得奖分。为什么学历可以得到奖分？因为知识面不同，意味着发展的潜力和后劲不一样，培养的前景也不一样。因此，应该对他们的学历进行奖分认可。

所以，在实行奖分激励机制的公司，员工一进入公司，公司就会根据他们的学历给予一定的奖分。比如，某公司规定，大专学历者可得到10个奖分，本科学历者可得到20个奖分，研究生学历者可得到35个奖分，如表7－1所示。这些奖分每个月认可一次，也就是说每个月都有这么多固定的奖分。

XX公司学历奖分标准（表7－1）

学历	大专	本科	研究生	博士生
奖分	10	20	35	60

备注：国家认可的学历证书，每月享受对应的奖分，非全日制，降半

个档次

（2）职称奖分

什么叫职称奖分？职称奖分指的是企业对拥有各种职称的员工，予以相应的奖分激励。职称是由国家人事系统及相关部门认可的等级称号，是反映技术水平、工作能力的重要标志。比如，有会计员、会计师，还有建筑工程师、高级工程师等，都是不同行业的职称。

有职称的员工和没有职称的员工，他们在工作中的表现，发挥的作用往往是不同的。因此，企业应该给予员工相应的奖分认可。在奖分激励机制下，凡是有职称的人，每月都能得到相应的奖分。而在传统管理模式下，员工进到公司，不管有没有职称，很多管理者根本不关心。这反映了企业对人才素质的不重视。

除了职称，有些员工还有一些专业资格证书。虽然它与职称不同，但也是经过国家相关部门认可的，也是员工能力的一种表现。比如，会计证、电工证、点焊工证等。拥有相关资格证书的员工，通常说明他们具备某方面的能力，企业也应该给员工相应的奖分认可。

（3）职务奖分

职务奖分，指的是对公司里有着不同管理头衔的干部的奖分认可。比如，经理、部门主管、车间主任、副主任等，每月都可以得到相应的奖分。在传统的管理模式下，很多人不愿意当企业管理者，因为相比于普通员工，当管理者虽然工资会多一点，但却要承担更多的责任。但实行奖分制管理之后，公司会给不同的管理者相应的职务奖分，这就增加了员工积极当干部的动力。很多员工为了挣奖分，甚至毛遂自荐，主动申请当管理者。这些员工的精神状态自然就大不一样。所以，奖分制管理可以有效地激励管理人员。

（4）技术专长奖分

技术专长奖分指的是企业对拥有技术专长的员工进行的奖分认可。所谓技术专长，指的是没有被国家相关部门认可的，但在实际工作中却发挥了巨大作用的技术类的特长。比如，公司前台人员会英语，可以当翻译；

公司采购人员有驾照，可以自己开车去采购；公司销售人员会写作，可以设计产品宣传标语等，这些技术都属于超出本职工作范畴的技术专长。在传统的管理模式下，几乎没有企业会专门认可员工的技术专长。但实行奖分制管理后，拥有技术专长的员工就可以得到奖分认可。

只要员工掌握某种技能，每个月都可以获得固定的奖分。这样就激励着大家去学习各种技术，当员工一个个成为复合型人才时，管理者在工作安排上就会变得简单许多。

（5）兴趣特长奖分

在企业中，有些员工会唱歌，有的员工会跳舞，有的员工会演小品，有的员工会说相声，有的员工会主持等，这些都是员工的兴趣特长。在传统的管理模式下，企业根本不会专门认可员工的兴趣特长。但实行奖分制管理后，拥有兴趣特长的员工均可得到奖分认可。比如，公司举办元旦文艺活动，有兴趣特长的员工就可以上台表演。通过表演，员工可以展示自我风采，给大家带去快乐。当然，他们的表演是有回报的，因为他们可以得到奖分。

事实上，员工心情快乐比工资奖金更重要。因为工资奖金在任何公司都可以获得，而快乐却不同，有些公司的员工虽然工资奖金高，可工作得不快乐，员工就可能会离职。工资奖金就像随处可见的树木，没有是不行的，但到处是树木，员工就不会觉得它有多么重要。而快乐就像空气，一旦没有快乐，员工就会觉得压抑。所以，快乐是现代企业员工特别渴望的。

为什么现代人才跳槽率居高不下？真的只是因为嫌工资奖金低了吗？这只是原因之一，干得不快乐是另外一个重要原因。所以，重视员工的个人特长，给员工相应的奖分认可，他们才能在公司需要的时候发挥特长，为大家制造快乐。

（6）荣誉奖分

荣誉是一种至高无上的认可，也意味着一种责任。在企业里，有荣誉和没有荣誉的员工，他们表现出来的工作状态是大不一样的。那么，企业对有荣誉和没荣誉的员工，是否也应该有所区别对待呢？在传统的管理模式下，荣誉只是单纯的荣誉。但是在实行奖分制管理后，荣誉不只是意味着高度的评价和认可，还能得到相应的奖分认可。比如，被评为优秀员工的人，不仅可以得到相应的奖励，还可以获得一定的奖分。在工作中，获得荣誉的员工，往往在某些方面会起到模范带头作用。

以上六个方面，体现的就是员工的综合素质。综合素质越强的人，每个月得到的固定奖分就越多。同时，这些能力又是相对拥有的，因为可以通过学习发生变化。企业可以根据自己所认定的标准来设计各种能力的奖分数。

6.4 个人奖励与团队奖励相结合

很多人都会玩“瞎子”背“瘸子”的游戏，游戏规则是：两个人一组，一人用布蒙住眼睛当“瞎子”，一人当“瘸子”。“瞎子”背上“瘸子”，“瘸子”为“瞎子”引路，绕过重重路障，到达终点。哪一组早到达终点，哪一组就是获胜者。这个游戏告诉我们：合作可以发挥各自所长，弥补各自不足，合作可以取得胜利。

在企业工作指标的落实过程中，也离不开团队合作。为了激励员工团结协作，把指标落实到位，管理者在设置激励措施时，不妨把对个人的奖励和对团队的奖励结合起来。这样可以激励员工在做好个人工作的同时，也注重与他人合作，以完成团队的各项工作指标，为企业创造更好的业绩。

在个人奖励与团队奖励相结合方面，成立于1980年的康佳集团堪称典范。有人曾问康佳董事局主席兼CEO侯松容：“康佳集团靠什么留住优秀人才?”侯松容回答：“康佳采用‘奖金池’的形式，这个奖励机制包括两个功能，一个是团队导向，一个是个人业绩导向。”

所谓奖金池，是指每个团队的总体奖金数额。奖金的多少与员工的总业绩有关，总业绩有多大，奖金池就有多大，这就意味着：第一，每个员工要把自己的工作做好，保证有一个良好的团体业绩；第二，要共同努力、互相配合，而不是互相拆台，因为任何一个人业绩差了，奖金池都会缩小，最后每个人都吃亏；第三，奖金池里的奖金怎么分，与个人的工作业绩和素质直接相关。

个人奖励与团队奖励相结合的奖励机制，既能有效地激励员工提高个人业绩，也能有效地激励员工为分享团队奖金和团队荣誉而积极与他人合作。那么，怎样实施个人奖励与团队奖励相结合的奖励机制呢？怎样让这种奖励办法更好地落地呢？其实，可以采用奖分激励的策略。具体来说，可以参考以下几个办法：

（1）要求员工按时按质按量地完成本职工作。

因为在团队里，各岗位工作之间，属于流程里的上下线，彼此之间相互联系和影响，哪一环节出了问题，都会造成整个流程出问题，最后导致整个团队目标无法实现。所以说，完成好本职工作是团队合作的基础。因此，在设置奖分标准时，应针对每个月在规定的时间内，按质按量地完成本职工作的员工，给予一定的奖分激励。

（2）针对团队合作行为设定相应的奖分标准。

作为管理者，你希望下属在团队合作方面有怎样的表现？换句话说，你认为哪些行为有助于团队合作？那么你就把这些行为列出来，并针对各个行为，设定相应的奖分数量。我们可以简单列几条，仅供参考：

①工作中态度友善，积极协商者，每个月可获得 3 个奖分；

②虚心接受他人的意见和批评者，每个月可获得 3 个奖分；

③积极参与团队活动，包括公司组织的文体活动，每参加一次可获得 2 个奖分；

④积极反馈工作中的信息，及时与同事或领导沟通者，每月可获得 5 个奖分；

⑤团队合作过程中，出现了矛盾积极劝说、化解矛盾者，每次可获得 2 个奖分。

具体的团队合作行为还有很多，具体给多少奖分也不是绝对的，关键在于管理者更看重哪些行为，越看重什么行为，就相应地给多一点奖分。

这样有利于引导员工以管理者期望的方式去工作。

（3）统计员工在团队合作方面所获得的奖分，并按照相应的比例分享团队奖金。

在团队合作方面的所有奖分项目中，员工每月获得多少个奖分，这是可以轻松统计出来的。再根据管理者给出的奖分总数，可以计算出各员工在团队合作方面所获得的奖分比例。

举个简单的例子，假如某个月管理者一共在团队合作方面，给了团队所有人员的奖分总数为 100 分。而团队里，A、B、C、D、E、F、G 这六名员工，分别得到了 15 分、24 分、28 分、11 分、12 分、10 分，那么各自奖分的比例分别为 15/100、24/100、28/100、11/100、12/100、10/100。

如果月末团队的业绩所获得的奖金数为 2 万元，那么就根据上面的比例分享这笔奖金。这样一来，每个人在团队合作方面所获得的奖金数就出来了。除了直接的金钱奖励，员工每个月末，还可以根据总的奖分数获得相应的福利待遇。与此同时，每个员工还可以根据个人业绩，获得相应的个人绩效奖励。这就叫个人奖励与团队奖励相结合。

6.5 将精神奖励写进奖分制度

很多企业对员工的奖励，主要体现在物质、金钱上，至于精神奖励，似乎不那么注重。这样的奖励机制就像瘸了一条腿，无法最大限度地激发员工的能量。哈佛大学心理学家威廉·詹姆士在研究中发现：当员工缺少精神激励时，实际工作能力只能发挥20%～30%，而当员工获得了充分的精神激励时，其潜能可以发挥出80%～90%。

我曾经建议一位老板，将精神奖励写进奖励制度。对方采纳了我的建议，在精神奖励方面，设置了荣誉奖杯、荣誉证书、荣誉旗帜，还有特别头衔，这些荣誉花不了多少钱，却产生了很好的激励效果。比如，公司每年都会评选出最佳营销团队，对于当选的团队，公司会颁发荣誉奖杯、授予“营销标兵”的锦旗。获得这种荣誉对每个团队来说，都是一种巨大的精神鼓舞。

当荣誉奖杯放在办公室的壁柜里，当锦旗挂在办公室的墙壁上时，每个员工时刻都会感受到企业的认可。这会赋予他们更高的工作责任感和积极性。与此同时，其他的销售团队也会努力赶超，设法在来年获得这份荣誉。

以上只是传统的精神奖励机制，如果在精神奖励中融入奖分激励，那效果会更棒。很多管理者知道，玫琳凯公司特别重视对员工进行精神奖励。在他们的奖励制度中，关于荣誉的奖项有如下几种：

荣誉1：缎带。

美容顾问第一次卖出100美元产品时，公司奖励她一条缎带；卖出200美元时再得一条，并以此类推。

荣誉2：别针。

别针在美国达拉斯设计制造，然后用飞机运到世界各地，用以奖励在销售产品时有优异销售业绩的美容顾问。每个别针的含义都不同，镶钻石大黄蜂别针代表最高奖赏。

荣誉3：《喝彩》杂志。

《喝彩》是玫琳凯公司内部发行的杂志，主要目的是赞美员工。上面刊登每月世界各地最优秀的销售员、最优秀的培训员、各种竞赛活动及其获奖情况，详细介绍优秀的美容师和培训员，以及优秀女性的成功经验和成长体会。

我们以玫琳凯的精神奖励为例，看如何把奖分制融入进去。其实很简单，有两种策略供参考：

第一，根据奖分区间来设置荣誉奖项。

每月根据各员工获得的奖分数，设置不同的奖项。比如，每月奖分数达到100分时，可获得缎带；每月奖分数达到200分时，可获得别针；每月奖分数达到300分时，员工的优秀表现可被写成文章，刊登到《喝彩》杂志上。

第二，根据奖分排名来设置荣誉奖项。

每月对各员工的奖分数进行一次统计和排名，然后根据排名情况设置不同的奖项。比如，奖分数第一名者，其优秀表现可被写成文章，刊登到《喝彩》杂志上；奖分数第二名者，可获得别针；奖分数第三名者，可获得缎带。

当然，以上两种策略仅供参考，管理者可以根据公司的奖分尺度和每个月员工获得的大致奖分数来具体设置奖项。通常来说，由于奖分排名具有唯一性，建议采用根据排名定荣誉奖项的做法。这样可以省去很多不必要的麻烦。而采用设置奖分区间的做法，则可能出现多名员工均符合荣誉奖项的情况，这就好像有两名冠军一样，激励效果可能不那么好。

需要特别提醒的是，荣誉带给员工的激励，一方面是荣誉本身所蕴含的价值和意义；另一方面，还在于荣誉被公布出来。因此，管理者最好把员工所获得的荣誉公布出来，让全体人员都看到，这不仅能激励获得荣誉的员工，也能鼓励其他员工向获奖者看齐。怎么公布荣誉呢？

（1）在公司的公共区域设立荣誉角。

有研究表明，给过往的荣誉留一个展现的机会，让大家经常能看到自己曾经的成绩和荣誉，可以唤起人沉睡的自信心，还是非常有效的减压方法。因为人的压力大多与外界信息所导致的不自信、失去控制和无法预测等相关，其中很大一部分的信息来自于视觉。经常接触积极的信息，可以给人积极的心理暗示，能够提升自我认同感和自我价值感，从而使心情好转，压力减轻。

企业可以在公司的会议室的墙壁、办公楼的大厅、走廊里设置荣誉角，把每个月的优秀员工及其骄人业绩和所获得的荣誉展现出来，比如，荣誉证书、奖杯、荣誉锦旗等，给获奖者一个公开的认可。这不仅是对获奖者的高度认可，也是对其他员工的一种极大鼓舞。

（2）让员工把荣誉佩戴、展现出来。

有些荣誉是需要员工随身佩戴的，比如，别针、缎带等，为了彰显获奖员工的荣誉，管理者应该让员工把这类荣誉佩戴起来，这样也是一种有效的荣誉展示。员工随身佩戴荣誉，在工作时往往会提高自我要求，努力给大家做榜样。否则，他会觉得对不起身上的荣誉。

6.6 设置特别奖，激励员工创佳绩

甲老板问乙老板："为什么你们的员工一个个都那么敬业，有些员工周末还主动加班？而我的员工都像寺庙里的和尚，做一天和尚撞一天钟？"

乙老板回答说："因为我们的员工只要努力工作，创造了佳绩，我们就会给他们相应的绩效奖金。对于业绩特别优秀的员工，我们还会设置特别奖励，这个奖励相当诱人。"

乙老板一语道破了激励的意义：没有激励，就没有佳绩；没有令人心动的奖励，就不会有拼命工作的员工。绩效奖金作为基本工资的有效补充，绩效工资的额外补充，对充分调动员工的积极性具有非常好的效果。

百度公司创始人李彦宏曾在 Summer Party 上颁发第二届"百度最高奖"，获奖的是三个不足 10 人的基层工作小团队。他们一起分享了 300 万美元的奖励，平均下来每人可获得 10 万美元的奖金。

"百度最高奖"是李彦宏在 2010 年 7 月提出来的，面向公司总监级别以下的基层员工。奖励对象多为 10 人以下的小团队，奖励的标准主要看他们一年内在公司的重大项目中取得的业绩。

在一个上万人的大企业里，能够获得这个百度最高奖是极不

容易的，也是极为幸福的。这意味着管理层对基层员工的重视。百度公司的这一奖励措施，得到了公司员工和业内人士的广泛好评。各微博及公众论坛出现了很多相关的讨论，“求奖励”“求百度 HR”“老板你看到了吗”等评论层出不穷。

常言道：金钱不是万能的，没有金钱是万万不能的。在团队激励方面，给员工实实在在的奖金，让员工得到实惠，是必不可少的手段，也是激励员工的常规武器。要知道，企业的发展离不开优秀人才，企业之间的竞争本质上是人才之间的竞争。因此，公司用什么样的态度对待人才，往往决定着人才以什么样的工作状态回报公司。

在设置特别奖时，管理者应注意以下问题：

（1）特别奖可针对团队项目，也可针对个人项目。

对于特别重要的项目，管理者在推出项目时，为了让大家将项目执行到位，可以临时设立特别奖。要让员工明白，只要能够保证完成项目，并达到相应的项目指标，执行团队就可以获得这笔奖金。

对于有较大难度的项目，管理者在立项时，可以采取招标形式，让有信心、有魄力的各个小团队公开竞标，谁能拿出最有力的执行方案，就由谁来完成这个项目。与此同时，针对项目的落实情况设立特别奖。

（2）特别奖的奖金计划越简单越好。

在设置特别奖时，获得奖金的条件和标准是什么？做到什么样才可以获得这笔奖金？奖金怎么发放？是分期发放，还是一次性发放？是在项目指标落实后发，还是到年底发？这些问题越简单、越具体越好。最理想的特别奖，应该用一句话简单明了地说清楚，让员工知道怎么做才能得到这笔奖金。

举个很简单的例子，如果员工这个月能超额完成规定工作的 20%，就可以获得 1000 元的额外奖金。这就是非常简单、清晰、容易理解的特别奖金制度。相反，如果奖金制度设计的很复杂，难度很大，或理解起来特别费劲，那么其激励作用就会大大减弱。

（3）奖金数额应根据项目带来的经济效益而定。

特别奖的奖金数额到底是多少最合适？其实这是没有答案的，具体来说，应该根据项目所能带来的经济效益而定。假如某个项目特别重要，按计划达成后，可获得500万元的收益。那么，在设置特别奖时，就可以把奖金数额定得高一点，比如20万元、30万元、50万元，甚至80万元。如果某个项目难度虽大，但达成后只能获得10万元的经济效益，那么针对该项目设置特别奖，奖金就不能定得太高，否则企业得不到什么收益。因此，管理者要对项目可能创造的效益，做一个科学合理的预测，再决定奖金数额。

（4）一旦设置了特别奖，就要严格按规矩执行。

设置了特别奖，最忌讳的是言而无信，在员工即将完成任务、可以获得奖金时，突然宣布特别奖不算数，或随意更改特别奖的奖金数额。有些老板原以为某个项目执行难度很大，没想到员工接到项目后，没花多少时间就把项目完美地完成了。结果老板心里不痛快了，认为给员工那么多奖金不值得，于是更改奖金数额。这种不诚信的行为很容易引起员工的不满，让管理者的威信荡然无存。

再者，在员工获得了特别奖后，奖金尽量在当初规定的期限内发放，切勿拖延。因为奖励越及时，效果越好；越拖延，越让人觉得没诚意，激励效果越差。所以，建议不要把奖金拖到年底发放，最好每月发放。

6.7 怎样冻结奖分才有惩罚力

奖分激励是一种以奖励为主的激励机制，即主流是给员工奖分，很少扣分、罚分。但有些公司为了更好地激励员工，对于员工违反规定的行为，采取冻结奖分的策略，以示惩罚。什么叫冻结奖分呢?

举个简单的例子，公司明文规定要按时上班，并穿工作服或职业装，佩戴胸牌，进入厂区要戴安全帽等。当员工按规定去做时，可以获得一定数量的奖分。但如果员工不遵守规定，就会冻结相应的奖分。

冻结的奖分，要在下一次员工遵守规定时，才能解冻。比如，这个月员工有一次没有穿职业装、没有佩戴胸牌，被冻结了 5 个奖分。那么，下个月当员工没有违反这个规定时，他可以得到 5 个奖分。这 5 个奖分，就是从前一次冻结的奖分中解冻出来的。

表现上看，冻结奖分并没有直接处罚员工。但实际上，当别人遵守规定，得到了相应的奖分，而你没有遵守规定，不能获得奖分时，那就是逆水行舟，不进则退，意味着你的奖分数比别人少了。这样一来，在月末的奖分排名中，你就失去了优势。

而奖分兑换福利待遇，大多是按员工的奖分数的当月排名来兑换的，或按照奖分所在的区间来兑换的，这样你所获得的福利待遇就会减少。这就是奖分制激励不同于直接奖惩的地方。

在奖分激励中，给员工奖分就是在给员工传达“做对了”的信号，冻结奖分就是在给员工传达“做错了”的信号。员工就像海豚一样，在信号的指引下，明白什么是对的，应该做什么；什么是错的，不应该做什么。而且相比于海豚，员工有思维、有情感，接到信号之后，会更灵活地配合，积极地行动。所以，奖分激励可以大大提升员工的执行力。

有一家公司实行奖分制激励前，虽然公司已经有非常细致的制度规定，细致到员工下班时没有把椅子摆放整齐，被发现了一次就会扣钱。但遗憾的是，这么细致的规定和明确的处罚，并没有让员工将相应的规定落实到位。

因为事实上，就算员工没有把椅子摆放整齐，管理者也不会轻易扣钱。为什么不会轻易扣钱呢？管理者的回答颇让人无奈：“因为人不好招啊，如果动不动就扣员工钱，员工很容易辞职不干的，那样公司会很被动的。”

后来，该公司实行奖分激励，用奖分的方式引导员工按规定做事。比如，谁最后离开公司，如果能把所有的灯关掉，可获得2个奖分；每天来到办公室，主动打扫卫生者，可获得3个奖分；在接待客户过程中，凡是获得客户好评的，每次可得到2个奖分……反之，如果员工最后离开公司，没有关掉公司所有的灯，那将被冻结2个奖分；被客户差评、投诉，每次将会被冻结2个奖分。通过给予奖分和冻结奖分的双重举措，很好地引导了员工的行为。

自从实施奖分激励后，每次上班时，总有员工会提前来到公司，先把办公区域的卫生打扫一遍；在为客户提供服务时，努力保持良好的态度，帮客户解决问题，争取得到客户的好评。员工的变化不仅于此，在具体工作任务和各项指标的落实上，员工的积极性、责任感、细致精神，均有了很大程度的提升。

通过这个例子，我们可以发现：给予奖分和冻结奖分相结合，可以有效地引导员工正向的行为。那么，在实行冻结奖分时，具体怎么做才能让冻结奖分对员工的行为产生约束力呢？

（1）按公司的明文规定，对员工的不当行为进行冻结奖分。

在给予员工奖分时，可以坚持“只要员工的行为对公司有益”的原则，对于不在规定之内的员工的好的行为，也可以给予适当的奖分。但是在冻结员工的奖分时，就不能这么随意，而要坚持按规定办事，对于在规定之外的员工的不好的行为，管理者也不应该随便冻结奖分。如果想让员工避免这种行为，可以在奖分项目中加入新的奖分标准，这样以后再对违反这条标准的行为进行冻结奖分，员工就没有怨言了。

（2）冻结奖分时要与员工打招呼，说明冻结的理由。

在发现员工不合规定的行为时，管理者如果要冻结员工的奖分，应该跟员工打招呼，说明冻结的理由。这样员工才明白自己的行为违反了哪条规定，切勿不声不响地冻结员工的奖分，事后员工产生不满了，再去解释，那样会增加管理者的工作量。

（3）对于有些中性行为，只能给予奖分，却不能冻结奖分。

何为中性行为？即员工做了值得表扬，不做也不能说他错了。比如，主动到办公室，上班时主动向同事问好，这类行为纯属个人意愿问题。如果员工做了，管理者可以给予员工奖分激励，但如果员工没有做，管理者不能冻结员工的奖分。否则，很容易激起员工的不满情绪。

附　录

带团队必须弄懂的28个重要指标

1.

团队财务指标：教你分析团队的运营效率

团队发展到一定阶段后，往往会遭遇瓶颈。原因可能是赢利模式不当，或成本控制不力，或资金流转不畅……总之，或多或少都与财务管理有关。可以说，搞通财务才能出利润，不懂财务就当不了团队管理者。管理者可以不懂研发，不懂产品，但必须懂财务。怎样才叫懂财务呢？首先要搞清楚与团队密切相关的财务指标，通过这些指标可以分析团队的运营效率。

营业收入增长率——评估团队发展能力的重要指标

营业收入增长率又叫主营业务增长率，指的是企业本年营业收入增加额与上一年营业收入总额的比率。这个指标反映的是企业营业收入的增减变动情况，是评价企业成长状况和发展能力的重要指标。其计算公式为：

营业收入增长率 = 营业收入增长额 ÷ 上年营业收入总额 × 100%

几年前，赵先生白手起家，创办了一家网络公司。借助互联网的潮流，这些年他赚了不少钱，积累了不少财富。但他发现除了头三年的赢利呈增长态势，近些年每年的营业收入都在下降。对于财务指标，赵先生并不了解。也不知道什么叫营业收入增长率，他只知道只要公司每年都有现金流就没问题。问题是，这样真的没问题吗?

显然，经营企业和带领团队时，并不是说企业每年都有现金流就没问题。因为现金流本身无法反映企业的经营状况，只有了解企业的营业收入增长率，才能评估企业发展的动态状况。具体来说，这个指标对于企业来说有以下两个作用：

作用1：判断企业业务的发展状况。

营业收入增长率可以表示公司销售额的增长幅度，可以用来判断企业业务的发展状况。当营业收入增长率大于零时，表明企业的营业收入有所增长。该指标值越高，表明企业营业收入的增长速度越快，企业的发展前景越好。

当营业收入增长率为负数，即小于零时，表明企业的营业收入下降了。原因可能是产品或服务不适销对路，存在质次价高等方面的问题。该指标值越小，表明企业营业收入的增长速度越慢，企业的发展前景越差。

另外，一般认为，当营业收入增长率低于－30%时，说明公司营业收入大幅度下滑，预警信号产生。当营业收入增长率小于应收账款增长率，甚至营业收入增长率为负数时，公司很可能存在人为操纵利润的行为，需严加防范。

通过营业收入增长率这个指标，可以了解企业目前的业务是否会继续发展，是否值得加大投入，以及企业未来占领的市场份额有多少。这对于企业每年制定战略目标、分解目标、规划发展都具有非常重要的参考价值。

作用2：衡量公司的产品生命周期。

通过营业收入增长率，可以有效地衡量公司的产品生命周期，判断公司处于哪一发展阶段。一般来说，当营业收入增长率超过10%时，说明公司正处于成长期，未来将继续保持良好的增长势头，这样的公司也叫成长型公司。当营业收入增长率在5%～10%之间时，说明公司已经进入稳定发展期，未来不久可能进入衰退期。因此，需要着手研发新产品，或推出新服务。当营业收入增长率低于5%时，说明公司已经进入了衰退期，要想保住市场份额已经很困难了。因为业务利润开始下滑，如果没有新的产品，企业将步入衰落。这个时候企业应该赶紧研发新产品，或调整经营模式，或着手人才培养与引进。

总而言之，企业的营业收入增长率可以让管理者了解市场的情况，在制定企业战略目标、确定市场扩张计划或市场布局时，具有关键性的参考价值。另外，在分析这一指标时，管理者需结合往年的营业收入增长率和市场情况来综合分析。分析的数据齐全了，分析的方向才会正确，这样就能大大提升判断的准确性。

总资产报酬率——教你快速判断团队盈利指数

总资产报酬率又称资产所得率，指的是以投资报酬为基础来分析企业的盈利能力，它是企业投资报酬与投资总额之间的比率。而企业的投资报酬，指的是支付利息和缴纳所得税之前的利润之和。投资总额为当期平均资产总额，它是指企业资产总额年初数与年末数的平均值。

其中，利润总额是指企业实现的全部利润，包括企业当年的营业利润、投资收益、补贴收入、营业外支出净额等项内容，如为亏损，则用“-”号表示。利息支出指的是企业在生产经营过程中，实际支出的借款利息、债权利息等。

总资产报酬率是评价企业资产运营效益的重要指标，它的计算公式为：

总资产报酬率=（利润总额+利息支出）÷平均资产总额×100%

一个团队想要判断自身的获利情况，以及资产运营的效益，就必须掌握总资产报酬率这一指标。因为这一指标具有三个显著的功能：

首先，它反映了一个团队全部资产获得收益的水平，还反映了一个团队获利能力和投入-产出状况。通过对该指标的深入分析，可以增强各方面对企业资产经营的关注，促进企业提高单位资产的收益水平。

其次，通常情况下，管理者可以把总资产报酬率与市场资本利率进行比较，如果前者大于后者，则表明企业可以充分利用财务杠杆，进行负债经营，获取尽可能多的收益。

再次，总资产报酬率越高，表明团队投入－产出的水平越好，团队的资产运营越有效；反之，说明团队资产利用率低。这个时候管理者应分析问题的原因，找到提高销售利润率的办法，加速资金周转，提高企业经营管理水平。

那么，什么因素会影响企业总资产报酬率呢？一般来说，影响因素主要有三个，如图－附1所示。

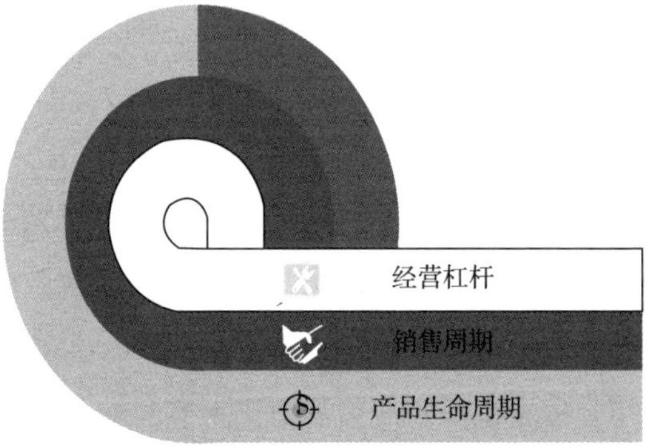

图－附1：影响企业总资产报酬率的三个因素

因素1：经营杠杆。

固定成本在销售收入中比重的大小，对企业经营风险有重要的影响。在某一固定成本水平的作用下，销售额的变化对利润会产生重要的影响，也称经营杠杆。经营杠杆具有放大企业经营风险的作用，当销售收入增长时，固定成本的比例越高的企业，其收益将会更快地增长。这是因为企业将固定成本分摊给了更大的销售额，从而降低了单位平均成本；反之，当销售额下降时，企业的经营收益将会下降得更厉害。

经营杠杆高的企业的总资产报酬率，相比于经营杠杆低的企业，具有更大的波动性。在其他一切指标相同的情况下，经营杠杆高的企业在经营上的风险会更高，并且应该赚取更高的收益。

因素2：销售周期。

销售周期越长，存在的变数就越多，风险性就越高。因此，销售周期性长的公司比销售周期性短的公司，具有的风险性更高。要想降低销售的周期性，企业应该努力增加其成本结构中变动成本的比例。比如，采用浮动工资而不是固定工资，对于某些固定资产，以短期租赁代替长期购买。这样最终保证总资产报酬率，保证企业的盈利水平。

因素3：产品生命周期。

产品生命周期的长短同样影响企业的总资产报酬率。一般来说，产品生命周期分为引入期、成长期、成熟期和衰退期。在引入期和成长期，企业把重点放在产品的开发和生产能力的扩张上，这就要求在研发和销售方面投入大量的成本。这样一来，较高的产品研发费用和较低的销售水平，容易导致企业经营出现亏损，造成总资产报酬率为负数。

在成熟期，公司的盈利较为稳定，资本支出减少，但是企业会面临更大的竞争，因为企业要将重心转移到提高生产效率和降低生产成本上。这一时期，由于规模经济以及资本支出的减少，总资产报酬率会显著增长。

在衰退期，收益下降，总资产报酬率也下降，但是有可能在一段时间仍保持正值。在衰退期，商品的需求量和销售量下降较大，销售收入和盈利额也会减少，有的企业甚至会退出行业竞争。这一时期的总资产报酬率会显著下降，甚至变为负数。

净资产收益率——反映股东权益的收益水平

净资产收益率又叫做股东权益收益率，是公司税后利润除以净资产得到的百分比。其计算公式为：

净资产收益率＝（净利润÷平均净资产）×100%

净资产收益率反映的是股东权益的收益水平，用它可以衡量公司运营自有资本的效率。净资产收益率越高，说明投资带来的收益率越高。正如股神巴菲特曾经说的那样：“如果只能选择一个指标来衡量公司的业绩，那就选择净资产收益率吧！”

在1988年投资13亿美元购买可口可乐的股票之前，巴菲特花了大量的时间，深入研读了可口可乐公司的年报，并分析了可口可乐公司近10年的净资产收益率的变化趋势。他发现：

1978—1982 年这五年间，由于股票增发和大量未分配利润的存在，可口可乐的净资产收益率保持在 20% 左右。1983—1987 年这五年间，可口可乐经营和管理效率有了较大的提高，利润也随之快速增长，再加上公司大规模回购股本使得股本规模不断缩小。因此，在 1987 年，可口可乐的净资产收益率达到了惊人的 31.8%。

最终，巴菲特决定投资可口可乐公司。毫无疑问，净资产收益率大幅提高是他选择投资可口可乐的最重要参考指标。果不其然，投资 10 年后，随着可口可乐的股价增长，巴菲特当初投资的 13 亿美元翻了十倍，变成了 134 亿美元。仅凭一只股票，巴菲特在 10 年间就赚了 121 亿美元。

那么问题来了。为什么净资产收益越高的公司，其股票就会越涨呢？净资产收益率与股价之间到底有什么关系呢？对于这个问题，我们可以用一个图来解答，如图 - 附 2 所示：

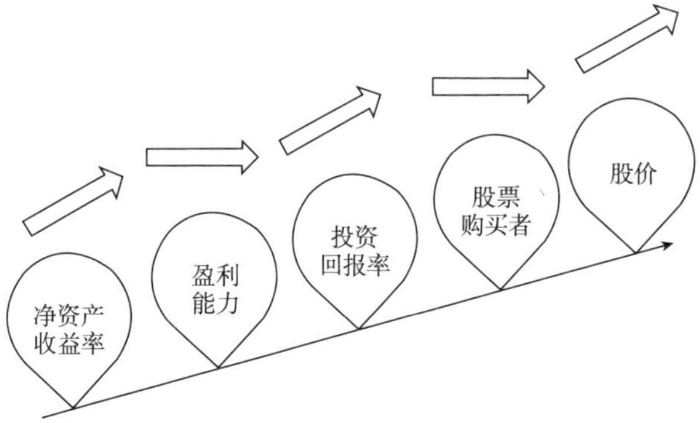

图 - 附 2：净资产收益率与股价上涨的关系

净资产收益率高的公司，表明其经营业绩好，而他在产品市场上的表现，最终会传达到股市。于是，就会有更多的人看好其未来发展前景。所以，大家会买入其股票，从而推动了股价的上涨。

净资产收益率可以衡量公司对股东投入资本的利用效率，它弥补了每股税后利润指标的不足。例如，在公司对原有股东送红股后，每股盈利将会下降，从而给投资者造成错觉，以为公司的获利能力下降了，而事实上公司的获利能力并没有发生变化，这时如果用净资产收益率来分析公司业绩，就不容易被误导。

净资产收益率如此重要，那么哪些因素会影响净资产收益率呢？通常，影响净资产收益率的因素有以下四个：

因素1：总资产报酬率。

作为企业总资产的一部分，净资产必然会受到总资产报酬率的影响。在负债利息率和资本构成等条件不变的情况下，总资产报酬率越高，净资产收益以及净资产收益率也就越高。

因素2：负债利息率。

为什么负债利息率会影响净资产收益率？因为在资本结构不变的情况下，当总资产报酬率高于负债利息率时，负债利息率对净资产收益率会产生有利影响。反之，在总资产报酬率低于负债利息率时，负债利息率就会对资产收益率产生不利影响。

因素3：资本结构或负债与所有者权益之比。

当总资产报酬率高于负债利息率时，提高负债与所有者权益之比，可以提高净资产收益率。反之，如果降低负债与所有者权益之比，那么净资产收益率也会降低。

因素4：所得税率。

由于净资产收益率的分子是企业的净利润，即税后利润，因此所得税率的高低会影响净资产总额，继而影响净资产收益率。通常来说，所得税率越高，净资产收益率就会越低；反之，净资产收益率则越高。

总之，管理者在经营公司、带领团队的过程中，不能片面地根据净资产收益率就认定公司的经营状况如何。还应该结合毛利率、净利润、周转速度等指标，综合研判公司的经营状况，从而发现企业发展中的机会或问题，把企业经营得更好。

资产负债率——评价公司负债水平的综合指标

资产负债率又称举债经营比率，是企业负债总额占企业资产总额的百分比。其计算公式为：

资产负债率 = （负债总额 ÷ 资产总额） ×100%

资产负债率是衡量企业负债水平及风险程度的重要标志。它反映的是在企业的全部资产中，由债权人提供的资产所占比重的大小，反映了债权人向企业提供信贷资金的风险程度，也反映了企业举债经营的能力，是评价公司负债水平的综合指标。

关于资产负债率，它有以下几层含义：

（1）资产负债率可以揭示企业全部资金来源中，有多少是由债权人提供的。

（2）从债权人的角度看，资产负债率越低越好。

（3）对投资人或股东来说，负债比率较高可能带来一定的好处。比如，财务杠杆、利息税前扣除、以较少的资本（或股本）投入获得企业的控制权。

（4）从经营者的角度看，利用借入资金给企业带来好处的同时，尽可能降低财务风险，才是他们最关心的。

（5）企业的负债比率应在不发生偿债危机的情况下，尽可能择高。而资产负债率一般在 40% ~60% 比较适宜。如果资产负债比率达到 100% 或超过 100%，说明公司已经没有净资产或资不抵债了。

面对资产负债表中的一大堆数据，很多团队管理者会有一种迷茫的感觉，看不懂什么意思，不知道如何去分析。其实，我们可以分以下三个步骤去看资产负债表：

第 1 步：浏览资产负债表的主要内容。

游览了资产负债表的主要内容后，我们就会对企业的总资产、负债及股东权益的总额及其内部各项目的构成和增减变化产生初步的印象和认识。由于企业总资产在很大程度上能够反映企业的经营规模，而它的增减与企业负债和股东权益的变化又有很大的关系。因此，当企业股东权益的增长幅度高于资产总额的增长时，说明企业的资金实力较为雄厚；反之，则说明企业规模扩大的主要原因是来自于负债数额的增加，进而说明企业的资金实力有限，偿还债务的能力有限。

第2步：重点分析一些变化性的数据。

重点分析一些变化性的数据，如初期与末期的数据变化很大，或出现大额红字的项目。比如，流动资产、流动负债、固定资产、有代价或有息的负债、货币资金以及股东权益中的具体项目等。

如果应收账款过多，占总资产的比重过大，说明企业资金被占用的情况较为严重。此外，还应对报表附注说明中的应收账款账龄进行分析。一般来说，应收账款的账龄越长，其收回来的可能性就越小。

第3步：对一些基本财务指标进行计算。

对一些基本财务指标进行计算，这些数据主要来源于以下几个方面：

①直接从资产负债表中取得，如净资产比率；

②直接从利润及利润分配表中取得，如销售利润率；

③从资产负债表、利润及利润分配表中取得，如应收账款周转率；

④部分来源于企业的账簿记录，如利息支付能力。

营业利润率——衡量团队经营效率的指标

营业利润率也称主营业务增长率，是企业营业收入增长额与上年营业收入总额的比率，它反映了企业营业收入的增减变动情况，也反映了企业在考虑营业成本的情况下，其管理者通过经营获取利润的能力。其计算公式为：

营业利润率＝（营业利润÷全部业务收入）×100%

营业利润取自利润表，全部业务收入包括主营业务收入和其他业务收入。如果一家企业的营业利润率高，说明该企业的商品销售额提供的营业利润越多，企业的盈利能力越强；反之，如果这个指数越低，说明该企业盈利能力越弱。

以美国苹果公司为例，据Strategy Analytics报告，2016年全球智能手机市场的总营业利润为537亿美元，其中苹果公司的营业利润为449亿美元，占比高达79.2%。2017年，苹果公司的营业利润率达到了32.4%。该报告指出，这不仅彰显了美国科技巨头提升价格和缩减制造成本的能力，也完美地体现了苹果公司管理层通过经营获取利润的能力。

作为企业经营与发展不可获取的指标，营业利润率有着十分重要的作用。那么，通过什么办法可以提高营业利润率呢？如图－附3所示：

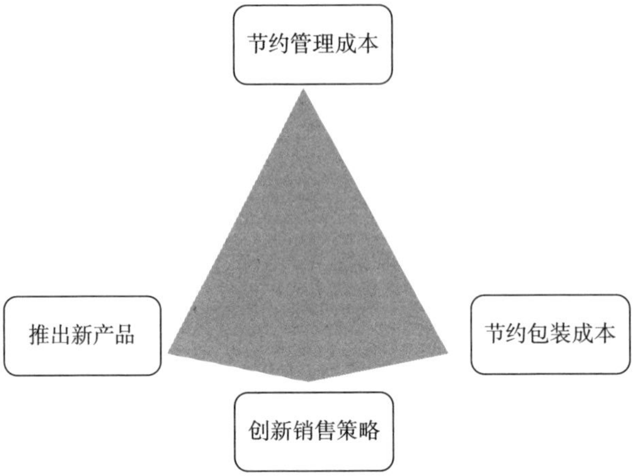

图－附3：提高营业利润率的四个方法

方法1：节约管理成本。

带团队就像持家，管理者应该扮演好“家庭主妇”的角色，设法用少一点的钱过上好一点的生活，避免一些不必要的开支和浪费。因此，在经营企业的过程中，要想办法避免人力资源上的浪费，花合适的价钱，聘用合适的人才。还要避免办公用品开销的浪费，把钱花在刀刃上。

方法2：节约包装成本。

包装是一门艺术，也是一种营销手段。好的包装可以带给客户良好的视觉冲击，使人产生购买欲，而且还能起到减量不减价的作用。比如，快餐业老大麦当劳、肯德基的冰激凌，表面上看堆得满满当当，吃到下面却是空的。还有很多零食产品，包装袋总是鼓鼓囊囊，其实里面的食品并不多，这些包装手法就是为了让客户觉得实惠。

方法3：推出新产品。

不论什么产品都其生命周期，当产品进入衰退期时，很多商家不得不通过促销、降价的手段来获得最后一点销售利润。这种做法无可厚非，但不能以这种方法为主。企业最应该做的是，赶紧研发新的产品。比如，电子产品行业，手机、电脑等产品，就是通过不断地产品更新换代来延长产品的成熟期，从而提高产品的营业利润率。

方法4：创新销售策略。

当常规的营销手段和销售策略不能保证产品销量时，管理者有必要变更销售思维，创新销售策略，通过创意销售来提高产品的销量。比如，重新包装产品，多种产品灵活组合销售，或采取“买就送”的策略，扩大产品销量，实现产品利润大提升。

应收账款回收率——反映团队应收账款的变现速度

所谓应收账款回收率，指的是企业在一定时期内收回的应收账款与应收账款的占用及发生额之间的比率。其计算公式为：

应收账款回收率＝（应收账款收回额÷应收账款占用及发生额）×100%

其中，应收账款收回额为应收账款全年的贷方发生额扣除核销的坏账损失；应收账款占用及发生额为年初应收账款余额与应收账款全年借方发生额的合计数。

在企业实际经营过程中，管理者可以通过应收账款回收率这一指标准确地判断企业应收账款的变现速度。加快应收账款回收速度，及时收回在流动资产中占较大份额的应收账款，可以有效地减少营运资金在应收账款上的呆滞占用，从而增加企业营运资金的活力，提高企业的资金利用效率。

应收账款回收率越高，说明客户的付款越及时、企业收款越迅速，企业资产的流动性越强，偿债能力也越强。应收账款回收率越高，企业在生产经营过程中发生坏账的损失也会越少，企业信用政策的执行情况就越好。并且，通过该指标的计算，还可以间接反映企业的赊销规模大小。

那么，应收账款回收率对于企业经营和发展有什么意义呢？其实，应收账款回收率主要的意义在于它能反映一家企业的客户的诚信度，以及企业资产流动性和偿债能力的强弱。然而，很多企业被外账所累，该收回的现金收不回，导致资金周转不开。那么，怎样才能解决这一问题呢？下面，我们就来具体分析如何提高应收账款回收率。

方法1：健全应收账款的内部控制制度。

应收账款收不回，很大的原因在于企业内部对应收账款的控制制度不到位。如果企业有健全的应收账款制度，对于销售过程中的赊销行为进行严格的审批，不轻易向诚信度尚未被证实的客户赊销产品，那么就可以在很大程度上降低应收账款收不回的风险。

具体来说，在赊销的授权审批控制方面，对于赊销、发出货物、销售价格、销售条件、运费、折扣、坏账等必须经有关人员审批。最好将凭证和记录留存，包括建立各种凭证、账簿制度，及时记账、登账。

另外，还要经常检查，定期核对应收账款的总账和明细账，并落实好内部核查制度，对销售与收款业务的岗位设置、制度执行以及销售、收款进行管理。

方法2：建立应收账款预警制度和责任管理。

企业在经营过程中，应该有一套针对应收账款的预警机制，这样能够有效地防范企业经营风险，把风险由事后控制转到事前控制。例如，根据赊销客户所在的企业规模、信用状况，设定对该企业的最高赊销额和最长赊销期限。一旦超过了这一额度，就要明确叫停。对于高于设定最高赊销额的客户，企业可以坚持每月往回收款，且每月的收款应大于供货额，这样可以逐步将赊销额减小，从而控制应收账款无法回收的风险。

在设定最高赊销额的同时，企业还应设定最长的赊销期限，由业务人员在到期前跟单催收。如果赊销期限到了，还没有收回应有的欠款，企业应向客户明确暂停供货的态度，秉直追款。

对于应收账款的管理要明确经济责任，实行相关责任人制度。对于经常发生坏账损失的应收账款，企业要追究相关责任人的责任。比如，明确划分责任范围，对轻易许诺赊销要求的业务员和不按流程进行审批赊销的管理者，要采取相应的处罚。

方法3：加大清账力度，确保资金及时回笼。

对于已经存在的应收账款，企业应重视起来，并加大清账的力度。认真分析坏账产生的原因，针对不同性质的客户，分别采取不同的清账方法。企业可以以业务人员为主，建立专门的清账队伍，将清收呆账纳入业务部门和营销部门的年度考核指标体系中，并设定相应的奖惩措施。

对于有能力偿还欠账却故意拖欠的客户，企业应采取上门追讨等方式，必要时可以诉诸法律，通过法律手段清收；对确实无力支付的客户，可以通过友好协商，以物抵债、债权减让等方式清收，以确保企业应收账款变现回笼。

现金流动负债比率——反映团队当期偿付短期负债的能力

所谓现金流动负债比率，又称为流动负债保障率，指的是企业一定时期内的经营现金净流量与流动负债的比率。这一指标可以从现金流量的角度来反映企业当期偿付短期负债的能力。其计算公式为：

现金流动负债比率 = （年经营现金净流量 ÷ 年末流动负债） ×100%

通常情况下，如果现金流动负债比例大于1，表示偿还企业流动负债有可靠保证。该指标越大，表明企业经营活动产生的现金净流量越多，越能保障企业按期偿还到期债务。但该指标并不是越大越好，如果过大，则表明企业流动资金利用不充分，盈利能力不强。

运用现金流负债比率时，不能仅仅看数字的表面现象，有时还需要对具体数字进行具体分析，才能透过现象看到本质。比如，企业获得利润的年份，不一定有足够的现金流（含现金等价物）来偿还债务。所以，利用以收付实现制为基础计量的现金流动负债比率指标，能够充分体现企业经营活动所产生的现金净流量可以在多大程度上保证当期流动负债的偿还，直观地反映出企业偿还流动负债的实际能力。

再比如，虽然企业的现金流动负债比率较高，企业偿还短期债务的流动资产保证程度较高，但并不等于说公司就有足够的现金或银行存款用来偿债。因为现金流动负债比率高有可能是公司存货积压、存在大量应收账款且收款期较长或存在金额较大的待摊费用和待处理财产损失等因素造成的，而真正可以用来偿债的现金及银行存款却严重短缺。

此外，现金流动负债比率是否合理，不同的企业以及同一企业在不同时期，也有不同的评价标准。因此，我们不能用统一的、一成不变的标准来评价企业的现金流动负债比率是否合理。

在运用现金流动负债比率时，一定要注意以下三个要点，如图－附4所示：

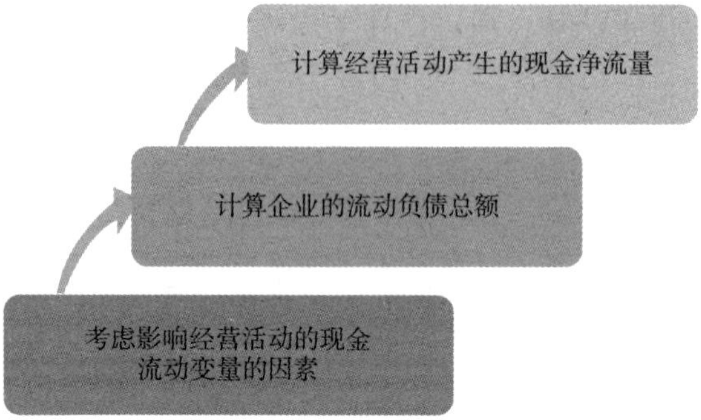

图－附4：使用现金负债流动比率的注意事项

要点1：计算经营活动产生的现金净流量。

企业的现金流量分为三大类，即经营活动产生的现金流量、投资活动产生的现金流量、筹资活动产生的现金流量。在计算企业现金流动负债比率时，我们应该先算出企业经营活动产生的现金流量，这是最基本的数据。这部分的现金流量主要取决于企业的经营活动，评价企业的财务状况也主要是为了衡量企业的经营活动业绩。投资及筹资活动仅起到辅助作用，且其现金流量具有偶然性、非正常性，因此，用经营活动产生的现金流量来评价企业业绩更具有可比性。

要点2：计算企业的流动负债总额。

流动负债总额中包含预收账款。由于预收账款并不需要企业当期用现金来偿付，因此在衡量企业短期偿债能力时应将其从流动负债中扣除。对于预收账款数额不大的企业，可以不予考虑。但如果一个企业存在大量的预收账款，我们就要认真考虑它对指标的影响程度，进行恰当的分析处理。

要点3：考虑影响经营活动的现金流量变动的因素。

经营活动产生的现金净流量是过去一个年度的经营结果，而流动负债则是未来一个年度需要偿还的债务，两者的会计期间不同。因此，这个指标是建立在以过去一年的现金流量来估计未来一年的现金流量的假设基础之上的。运用该指标时，需要考虑未来一个年度影响经营活动的现金流量变动的因素。

2.

团队销售指标：教你倍增团队业绩

有句话相信很多管理者都不会陌生，那就是“只有卖出去的东西才能变成钱，其他一切都是成本”。但是，产品销售过程中，各项销售数据代表什么？销售指标反映出企业处于何种经营状况？又如何保证销售的利润率？接下来，我们就来了解各种销售指标，看如何帮你实现团队业绩倍增。

销售计划达成率——帮你判断计划销售额的完成情况

我们知道，每个企业都会在一年之初对企业全年发展的前景进行一番规划。在这个计划中，销售计划是必不可少的。这个计划不仅是企业自身制定的全年销售目标，更是为员工指明行动方向、激励员工，让企业中每个人都充满斗志。

销售计划达成率指的是实际销售额与计划销售额之间的比率，即计划销售额的完成情况。其计算公式为：

销售计划达成率 = （实际销售额 ÷ 计划销售额） ×100%

例如，某企业年初制定的计划销售额为3000万元，年底进行销售统计，实际销售额为2400万元。那么，销售计划达成率 = （2400 ÷ 3000） ×100% =80%。根据计算结果可以判断，企业在这一年中并没有达到制订的销售计划。

销售计划达成率是我们判断一段时间内销售计划完成的情况的重要指标。比如，年底考核销售计划达成率时，如果该指标达到100%，那说明团队完成了销售目标，也说明管理者比较了解企业的实际情况，可以根据市场状况准确地制定销售目标。这还说明企业销售目标有更大的提升空间。

如果该指标低于100%，那说明团队没有完成销售目标。为什么没有完成呢？这就需要管理者深入地分析原因了。可能是市场需求降低了，也可能是同行竞争更加激烈了，还可能是公司产品质量下滑了，或营销策略不奏效了，更可能是年初定的销售目标太高了，超出了团队的销售实力。

单纯地谈论销售计划达成率的高低并没有实际意义。因为这取决于销售计划中的销售目标是否符合实际情况，如果销售目标定得太低，团队轻松就能达成销售目标，让销售计划达成率达到100%，甚至超过100%；如果销售目标定得太高，团队怎么努力都不能实现100%的销售计划达成率，但你不能因此就认定团队销售能力不行。

所以，对于销售计划达成率，最关键的问题是根据企业实际情况制定合理的销售目标。凭空想象、不切实际的销售目标和销售计划不仅对销售无益，反而会给销售带来负面影响。

在确定销售目标和制定销售计划时，必须要有理有据、有的放矢，必须要结合本企业的生产情况，根据市场需求，结合市场竞争状况，以及上一阶段销售计划的实现情况、销售队伍的销售实力、竞争对手销售的情况来定销售目标和销售计划，这样才能确保销售计划对提升团队的销售额有帮助。

值得注意的是，销售计划达成率虽然可以帮助我们判断销售额的完成情况，但是对于这个额度，一定要有所依据。很多企业也制定了销售计划，但是由于管理的疏忽，忽略了日常的检查与评估，没有及时发现销售计划执行过程中的问题。到了年末，才意识到销售计划完不成，最终销售计划成了泡影。

因此，在对销售目标和销售计划进行分析时，不仅要重视销售管理过程中的问题，并及时查找原因，还要根据整个市场的需求状况进行分析判断。特别是一些小企业，要灵活运用小型企业的特点，根据市场需求的变化，灵活地调整销售目标和销售计划。这样才能确保企业的销售额维持在高水平，确保提高销售计划达成率。

销售增长率——评价团队发展能力的重要指标

每个管理者都希望了解企业的成长情况，了解企业的销售水平，这就需要了解销售增长率了。销售增长率是指企业本年销售增长额与上年销售额之间的比率，其计算公式为：

销售增长率 =（本年销售增加额 ÷ 上年销售额）×100%

其中，本年销售增加额 = 本年销售额 - 上年销售额。

销售增长率能够反映销售量的增减变动情况，是评价企业成长状况和发展能力的重要指标，也是衡量企业经营状况和市场占有能力、预测企业经营业务拓展趋势的重要指标，还是企业扩张增量资本和存量资本的重要前提。

如果销售增长率大于零，表明企业本年度收入有所增加。该指标数值越高，说明企业销售额增长的速度越快，企业市场前景越好；如果该指标小于零，即为负数，这表明企业的销售额比上一年下降了。原因可能是产品销路受阻、质次价高，导致市场份额萎缩。

某啤酒企业，2015 年全年销售额为 5000 万元，2016 年全年销售额为 3500 万元，2016 年的销售额比 2015 年下降了 1500 万元。其销售增长率是多少？

销售增长率 =（本年销售额 - 上年销售额）÷ 上年销售额 ×100%

即销售增长率 =（3500 - 5000）÷5000 ×100% = -30%

根据结果得知，该指标小于 0，表示企业产品销路不畅、质次价高或者售后服务有问题，导致市场份额萎缩。

通过销售增长率，还可以判断产品处于生命周期的哪一阶段。一般来说，产品的生命周期分为四个阶段，即投入期、成长期、成熟期、衰退

期。根据销售增长率，我们可以按照以下标准来划分产品所处的阶段（用

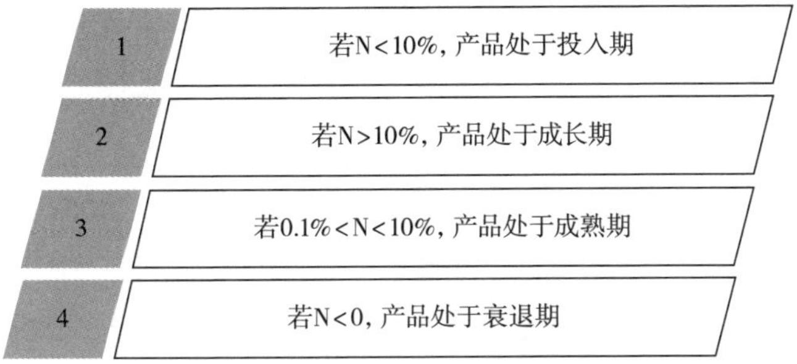

图－附5：产品处于不同阶段对应的销售增长

N代表销售增长率），如图－附5所示。当然，并不是所有产品的发展都会经历这四个阶段。比如，流行性产品，它的投入期、成长期、成熟期没有明显区分，一经投入市场就直接进入成熟期，然后迅速衰退。还有一些名牌产品，它的生命周期和成熟期都比较长，还可能多次出现。因此，管理者要根据具体情况而定，灵活运用销售增长率来分析企业产品现状。

在对销售增长率进行分析时，还要注意一些问题，比如销售增长率分析的各项指标是企业销售水平及发展趋势的集中体现，与产品所处的生命周期有密切的关系，增长率越高，说明企业销售业绩越好。销售增长率分析的各项指标只是相对数指标，剔除了企业规模对销售对比的影响；销售增长率分析反映的是企业主营业务对企业成长的影响，既不能反映其他指标的作用，也不能显示企业增长的内因。

销售回款率——用于衡量团队的经营能力

管理者都知道，企业在销售产品时，经常会出现买家拖延货款的情况。拖延货款与及时回款的情况相比，占了销售总收入的多大比例需要一个指标来表示，这个指标就是销售回款率。

具体来说，销售回款率是指企业实际收到销售款与销售总收入的比率，是用来评估销售部门或企业回款能力的一个指标。它经常被作为考核销售团队回款能力的一个硬指标，也是企业经营能力、资金周转能力的一个指标。其计算公式为：

销售回款率＝（实际收到销售款÷销售总收入）×100%

例如，某玩具公司2017年的销售总收入为1000万元，实际收到销售款为200万元。那么，这家公司的销售回款率是多少呢？

根据公式：

销售回款率＝（实际收到销售款÷销售总收入）×100%

＝（200万元÷500万元）×100%＝40%

根据销售回款率可以得知，这家企业在回款方面存在一定的问题，应该加强销售人员的回款意识，也要对客户进行排查，这样才能避免今后再次遇到这种问题。

销售回款率直接关系企业的流动资金和企业日常经营的资金周转问题。因此，我们应该尽可能提高销售回款率。为此，要注意以下几点：

（1）签定销售合同，明确欠款数额。

在销售过程中，不管是老客户还是新客户，都应该签定销售合同。如果客户想赊购产品，或只付一部分货款，那一定要在销售合同中明确欠款数额、付款方式、付款期限等信息。同时，要加盖经销商的合同专用章，避免个体行为的私章或签字。

（2）关注客户信誉，适时监管客户。

销售回款率可以用来判断客户的信誉度，客户的信誉度也会影响销售回款率。因此，为了提高销售回款率，企业应重视对客户信誉的调查，适时监管客户。

①建立完善的客户甄别机制，在开拓市场、开发新客户时，要对客户进行充分、科学的评估。这不仅能为将来寻找一个好的合作伙伴，也能大大降低货款无法回收的风险。

②对重点客户的应收账款加强管理。根据二八法则，对企业20%的重点客户应该加强应收账款的管理。在年中以通路促销为条件，在年末以年终返利为条件，促使重点客户减少欠款数额。

③觉察客户欠款难收的信号，及时组织人员追债。客户欠你的钱收不回或难回收是有迹可循的。比如，当客户办公地点由高档区向低档区转

移，或频繁更换管理人员、业务人员，公司离职人员增多时，公司财务人员三番五次地回避你，经常找不到公司负责人时，这些都可能是客户公司出现了严重的问题的征兆。因此，企业应组织人员立即进行追债，尽快减少应收账款。

（3）加强销售人员的回款意识。

在实际销售管理过程中，很多销售人员总是帮着客户，努力向公司争取更多的优惠。这样销售人员可以获得好的销售业绩，继而获得更多的绩效提成。这样做无可厚非，但是销售人员一定要有原则，要正确处理同情心与职业道德之间的关系，不折不扣地执行公司制定的销售政策。

同时，管理者需加强销售人员的回款意识，养成良好的回款习惯。比如，货款回收期限前一周，要电话通知客户或登门拜访客户，告知其借款日期。在货款回收前三天，确定借款日期，结款方式。在借款日当天，无论多忙，也要按时前往拜访。

记住一点，时间是欠款者的保护伞，时间越长，追款的成功率就越低。所以，客户拖欠的时间，不应超过回款期限的1/3。假如回款期限是30天，那么30天到了之后，最多只能拖欠10天。如果超过了10天，客户还没有还款的迹象，企业应立即组织人员追讨。

销售毛利率——反映团队盈利能力的指标

众所周知，每个企业老板或管理者，最关心的就是企业的盈利状况。说到盈利，大家经常会提到一个词，那就是销售毛利率。那么，到底什么是销售毛利率呢？

所谓销售毛利率，它指的是销售毛利占销售净收入的百分比。其中，毛利是销售净收入与产品成本的差额。其计算公式为：

销售毛利率＝［（销售净收入－产品成本）÷销售净收入］×100%

销售毛利率代表的是每一元的销售收入扣除销售成本后，有多少钱可以用于各项期间费用并形成盈利。销售毛利率是销售净利率的最初基础，如果没有足够多的销售毛利率，便无法产生足够的盈利。

那么，销售毛利率这项指标有什么作用呢？

第一，销售毛利率有助于管理者选择投资方向。

管理者在选择投资方向时，总是把目光聚集在盈利能力强的产品上。因为盈利能力越强的产品，给予股东带来的回报就越高，企业的价值也就越大。通过销售毛利率，能够判断公司产品的竞争力和获利潜力。如果企业的毛利率比同行业的毛利率高，说明企业产品的附加值高，产品定价高，在与同行公司竞争时有优势。

对比当前毛利率与以前的公司毛利率，如果现毛利率显著提高，则可能是因为公司所处的行业处于复苏时期，产品受到了市场的追捧，产品价格大幅上升。在这种情况下，管理者要考虑这种复苏和调价能否持续，以及能够持续多久，公司将来的盈利能力是否有保证。

反之，如果公司的毛利率与以往相比有了显著的下降，则可能说明行业竞争太激烈，或公司所处的行业开始进入衰退期。在这种情况下，产品的盈利能力开始下降是必然的。

第二，销售毛利率指标有助于判断企业的成长性。

销售毛利率是分析企业主营业务盈利的空间和变化趋势时常用的一个重要指标。这个指标的优点在于，它可以对企业某个主要产品或业务的盈利状况进行分析，继而判断企业的成长性和未来发展前景。

第三，销售毛利率有助于发现企业是否存在违规行为。

有些企业为了逃税漏税，最常用的手法就是隐瞒销售收入，或通过虚报进货额，虚增销售成本，继而降低销售毛利率。通常情况下，如果不是有计划地同时隐瞒销售收入和销售成本，那么少报利润的结果很容易反映到销售毛利率上，即毛利率异常。

所以，我们要想了解一家公司是否存在违规经营行为，可以观察销售毛利率是否在正常的范围内波动。如果销售毛利率的波动异常，那就有虚报销售收入和隐瞒销售成本导致虚增利润之嫌。当然，虚报数据只是引起销售毛利率异常的一个原因，引起销售毛利率异常的原因还有很多，比如，市场环境的变化、企业经营产品种类的变化等。

第四，销售毛利率有助于发现公司存在的潜在问题。

通过对销售毛利率波动状况的分析，我们可以发现企业经营业绩的好坏，及时找出经营管理中存在的潜在问题，提高企业的经营管理水平，从而提升企业管理效率。

针对销售毛利率异常的情况，我们需要分析是哪些因素造成的。一般来说，影响销售毛利率的因素可以分为直接因素和间接因素。

首先，我们来看看直接因素，基本上有以下三个：

（1）销售数量的影响。

当其他因素相对不变时，如果销售数量与销售毛利率会呈正比例的关系，即销售数量增加，销售毛利率也会相对提升。

（2）销售单价的影响。

当所销售的产品价格变动时，也会影响销售毛利和毛利率。在销量相同的情况下，如果产品的价格高，那么毛利和毛利率就会相对高。

（3）单位销售成本的影响。

单位销售成本的波动，会导致单位销售毛利成反比例变动，即销售成本越高，毛利率越低。

接着，我们再来看间接因素，基本上有以下四个：

（1）市场供求关系的变动。

当市场供求关系呈供不应求状态时，产品的销量就会更好，销售毛利率就会更高；反之，当市场供求关系呈供过于求时，产品的销量就会不好，销售毛利率就会较低。

（2）企业经营成本管理水平。

企业在经营过程的获利除了与销售收入和毛利有关，还与企业的经营成本有关。在企业销售额相对不变的情况下，企业经营管理成本越高，企业的毛利率就会越低，反之亦然。所以，想办法提升企业的管理水平，降低经营管理成本是提升企业毛利率的一种有效举措。

（3）产品构成及其独特性。

一家企业不可能只销售一种产品，每一种产品的市场需求状况是不同的。如果将多种产品组合在一起销售，往往可以在盈利水平上达到相互弥补、取长补短的效果，使企业实现获利最大化。当然，如果产品组合不当，也会制约各个产品的获利能力。

（4）行业环境的影响。

企业所处的行业大环境对其经营状况也有很大的影响。如果企业是高速发展的行业，那么这对企业无疑是一个福音；如果企业处于弱势发展的行业，那么企业也很难有大作为，很难保持高毛利率。因此，在分析一家企业毛利率时，要看所处的行业平均毛利率。

新客户增长率——反映了团队挖掘潜在市场的能力

所谓新客户增长率，指的是企业本期获得新客户的数量在上期客户总数中所占的比例。其计算公式为：

客户数量增长率 = [（本期客户数量 - 上期客户数量）÷上期客户数量] ×100%

该指标反映了企业开发客户的能力，也间接地反映了企业在公众心目中的声誉，是企业提高市场份额的关键。

例如，某企业上一年的客户数量为 5 万人，今年的客户总数为 7 万人，那么新客户增长率 = [（本期客户数量 - 上期客户数量）÷上期客户数量] ×100% = （7 - 5）÷5 ×100% = 40%。通过计算发现，今年的客户增长率还是挺高的。

对于任何一家企业来说，都需要挖掘潜在市场，开发新的客户。只有不断地挖掘市场，开发新客户，企业产品的销量才有保障，企业的盈利才有保证。那么，企业应该怎样开发新客户，确保新客户源源不断呢？下面三点值得借鉴。

（1）寻找对产品具有一定兴趣的群体。

对企业产品而言，其潜在的市场是由那些对某种产品具有一定兴趣的人群构成的。比如，对电脑公司来说，当地的写字楼、办公区是潜在的市场；对家居装饰用品公司来说，新开发的楼盘、新居民区是潜在的市场。因此，把这些地方作为跑市场的重点，往往能取得事半功倍的效果。

（2）因势利导，就近挖掘新客户。

任何产品在一个地区出现后，该地区周边的地区存在潜在市场的可能性极大。随着产品在市场上陆续涌现，潜在市场才会逐渐由发达地区向次发达地区、由农村向城市扩散。因此，企业在挖掘潜在市场、开发新客户的过程中，要把握这个大的方向。

（3）扬长避短，充分宣传产品的优势。

在挖掘潜在市场、开发新客户的过程中，企业要扬长避短，充分宣传产品的优势。这是因为一种产品出现后，伴随着一段时间的销售，在客户的反馈之下，其优缺点自然会暴露出来。同时，类似的产品也会在市场上纷纷涌现出来。这个时候如果不能扬长避短地宣传自己的产品，自己的产品就很容易淹没在种类繁多的同类产品中。企业就很难继续占据潜在市场，获得源源不断的新客户。

促销效果评估——反映团队促销活动的成果

在市场竞争日趋激烈的今天，促销是零售企业常用的销售手段，也是其赖以生存的重要筹码。所谓促销，即促进销售，它包括多数属于短期性的刺激工具，目的是刺激消费者迅速、较大量地购买商品或服务。

促销效果评估就是针对促销所产生的效果进行的一种评估，由此了解促销的效果怎么样。促销效果评估包括事前评估、事中评估和事后评估三

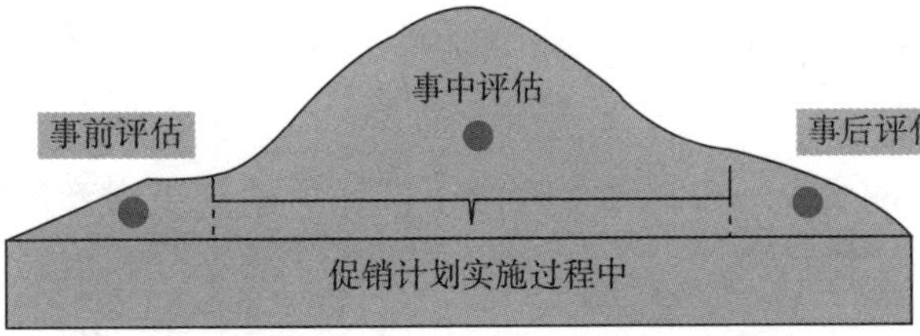

图－附6：促销效果评估的三中类型

种类型，如图－附6所示。

类型1：事前评估。

所谓事前评估，指的是在促销计划实施之前进行的调查预测，目的是评估计划的可行性和有效性。或者在多个促销计划中，选出最佳的方案。一般来说，事前评估的主要方法有两种，一种是意见征求法，一种是试验法。

类型2：事中评估。

事中评估指的是在促销计划实施过程中进行的评估，主要采取调查消费者的形式来了解促销活动的效果。比如，采用问卷调查法。事中评估的调查内容主要有三个方面：

（1）促销活动实施过程中，通过现场记录来分析消费者对促销活动的反应，如消费者参与的数量、购买数量、重复购买率、购买量的增幅等。

（2）参与促销活动的消费者结构，包括新客户和老客户的比例，新客户和老客户的重复购买率，以及新客户数量的增长率。

（3）客户的意见反馈，包括客户参与的动机、态度、要求和评价等。

综合以上三方面的内容，可以大致掌握消费者对促销活动的反应，客观评价促销活动的效果。

类型3：事后评估。

事后评估指的是通过比较促销前后产品的知名度、销售额、销售量等变化，来评价促销活动的效果。常用的方法有比较法、调查法。

接下来，我们特别介绍一下比较法。所谓比较法，指的是在开展促销活动之前、之中和之后三个阶段，对产品的销售额、销售量进行比较，评估促销效果。这是最常用的促销效果评估方法。如果这三个阶段，产品的销量呈现以下几种不同的情况（如图－附7所示），那意味着不同的促销效果。

情况1：初期奏效，中期销量逐渐下降，促销结束时产品销量回到原来的水平。

出现这种情况，说明促销活动的冲击力强，但缺乏实质性的内容，没能对消费者产生真正的影响。出现这种情况的原因有三个：一是促销活动缺乏长期性，二是策划创意缺乏特色，三是促销管理工作不力。

情况2：促销期间产品销量稍有提升，但促销后期销售量下降，甚至低于原来的水平。

出现这种情况，往往说明由于产品本身的问题或外在的其他因素，使产品原有的消费者结构发生了变化，而新客户又不愿意加入进来，所以促

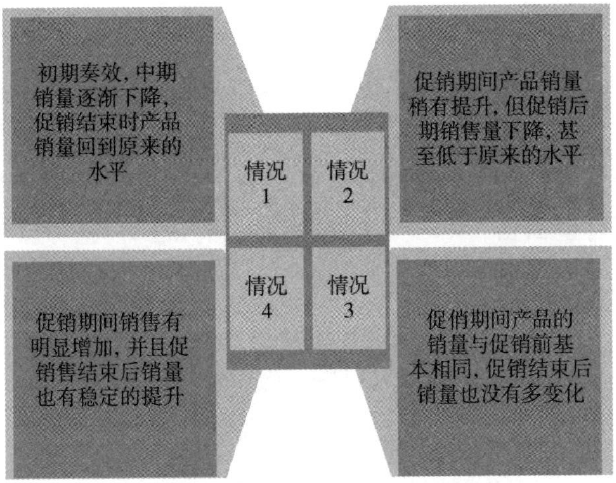

图－附7：产品销量变化反映的促销效果

销结束后，销量不升反降。出现这种情况的原因可能是促销策略有误、主管部门干预、媒体协调出了问题、竞争对手反攻生效。

情况3：促销期间产品的销量与促销前基本相同，促销结束后销量也没有多大变化。

出现这种情况，说明促销活动没有任何作用，纯粹是一次无用功。这往往说明该产品处于销售的衰退期，任由企业怎么搞促销活动，也难以激起消费者对产品的兴趣。也可能是因为企业对市场情况不熟悉、促销方式缺乏力度，或信息传播方式、方法出了问题，产品根本没有市场。

情况4：促销期间销售有明显增加，并且促销结束后销量也有稳定的提升。

出现这种情况，说明促销方式对路，促销取得了良好的效果。销量增加的原因是由于促销对消费者产生了吸引力，激发了消费者的购买欲。

客户回访率——反映售后部员工勤勉程度的指标

在了解客户回访率之前，我们先得了解客户回访。客户回访指的是企业用来进行产品或服务满意度调查、客户消费行为调查、客户关系维系的常用方法。在回访中，通过与客户进行较多的互动沟通，从而完善客户数据库，为进一步的交叉销售、向上销售做准备。

而客户回访率指的是实际回访客户数与计划回访客户数的比例，反映的是销售人员工作勤勉程度的一个重要指标。其计算公式为：

客户回访率 = （实际回访客户数 ÷ 计划回访客户数） ×100%

客户回访是提升客户满意度的重要方法，对于客户重复消费具有重大的意义。通过客户回访，不仅可以得到客户的认同，还可以创造客户价值。一般来说，客户回访的方式有这样三种，如图 – 附 8 所示。

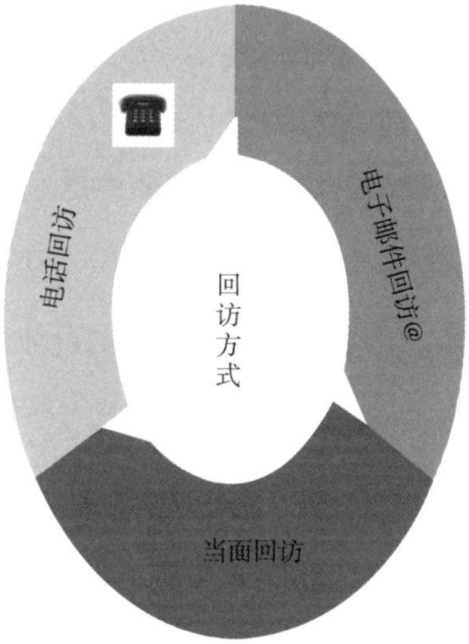

图 – 附 8：客户回访的三种方式

从实际操作效果来看，电话回访结合当面回访是最有效的回访方式。

如果按照销售周期来看，回访的类型主要有以下三种，如图 – 附 9 所示：

定期回访可以让客户感受到你们公司的诚意、诚信与责任。但定期回访的时间要合理，比如，以产品销售出去之后的 10 天、20 天、1 个月为时段，进行定期的电话回访。

销售结束后的回访，可以让客户感觉到你们公司的专业。如果在回访中发现了问题，一定要及时给予解决方案。最好在当天或第二天就能把问题解决，把客户的抱怨和不满消灭在最小范围内。

节日回访指的是在节日里对客户进行回访，同时送上祝福的话语或小

图－附9：回访的三中类型

礼品，以加深与客户的感情，这样不仅可以拉近与客户的关系，还能带给客户一些优越感。

在产品同质化程度颇高的今天，客户购回产品后，从购买之前对产品质量的担忧，转向对产品使用过程中的服务的担忧。所以在产品销售出去后，定期的回访是很有必要的。在客户回访时，应注意一些技巧：

技巧1：面带微笑地回访。

作为销售人员，在进行客户回访时，由于重复着相同的工作，对这项任务产生了心里疲惫，缺乏兴奋点是在所难免的。一旦精神上不亢奋，表现出来的工作状态就会显得懒散、消极，表情上就会显得淡漠。在这种情况下，客户的感受会如何呢？

所以，建议销售人员无论如何都要面带微笑地进行客户回访。要调整好自己的心态，高高兴兴地对待每一位客户的回访工作。这样不仅可以提高回访的质量和效率，还能给客户留下良好的印象，使客户对销售人员、对公司产生好感，提高客户回购的概率。

技巧2：使用规范的话术。

在客户回访过程中，规范的话术能够体现销售人员职业化的服务水平，也能体现企业的专业性，代表着一个公司的服务品质。因此，公司应该专门针对客户回访拟定一套规范的话术。怎样开始回访，怎样提问，怎样回应客户，怎样结束回访，怎样与客户道别等等，都应该有规范的表达方式。

技巧3：因人而异去变化。

在进行客户回访时，面对不同的客户，应该采取不同的方式去对待。比如：

面对冲动型的客户切莫冲动。如果客户性子急躁，一时说出了气话，我们一定要控制好自己的情绪，就当没听见，仍然以微笑的态度和友好的语气和他交谈，这样能让客户快一点平静下来。

面对寡断型的客户要消除其忧虑。有些客户优柔寡断，很容易被别人的意见影响。他们购买了产品之后，又很容易反悔。他们在多款产品之间举棋不定，在多种品牌的产品之间徘徊，应对这类客户千万不能着急，切勿催他做决定。明智的做法是，站在对方的立场，用坚定而自信的语气消除其顾虑，耐心引导他做出购买决定。

面对虚荣型的客户要给其面子和自尊。有些客户喜欢抱怨，而抱怨的问题并不是什么大问题，只不过他们喜欢借题发挥。面对这类客户，切勿对其失礼，不妨以虚心的姿态，请他发表高见，让他把话讲完，然后征询他如何解决。这样可以极大地满足他的虚荣心，照顾其自尊心，让他觉得很有面子，从而有利于回访工作的顺利进行，并给客户留下好印象。

总之，在客户回访中，要针对不同的客户巧妙地变换访问的技巧。通过巧妙地提问，引导客户给出我们想要的答案，了解客户的真正需求和想法。

市场占有率——反映团队创新能力的风向标

市场占有率是指一个企业的销售量或销售额，在市场同类产品中所占的比重，即企业的产品或服务在市场上所占的份额。其计算公式为：

市场占有率 =（公司某产品的销售数量 ÷ 该产品市场销售量总和）×100%

或者，市场占有率 =（公司某产品的销售额 ÷ 该产品市场销售额总和）×100%

比如，2018 年第一季度，某公司的手机销售额为 800 万元，而同期手机市场的销售总额为 5600 万元，那么该公司的市场占有率 = （800 ÷ 5600）×100% =14.28%。

该指标直接反映了企业所提供的产品或服务在消费者心目中的满意程度，表明企业的产品或服务在同行市场上所处的地位。市场占有率越高，表明企业的竞争能力越强。随着市场份额的不断扩大，可以使企业获得某种形式的垄断地位。

在了解市场占有率之后，我们应该着重了解市场占有率变动的原因。通常，影响市场占有率的因素有四个，如图 - 附 10 所示。

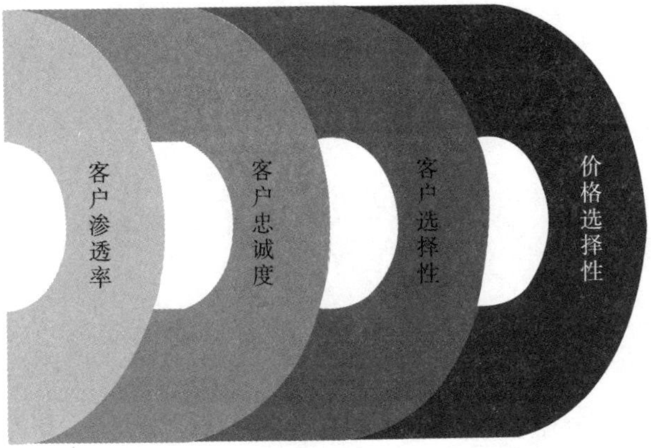

图 - 附 10：影响市场占有率的四个因素

客户渗透率：从本企业购买某产品的客户，与该产品所有的客户的百分比。

客户忠诚度：客户从本企业所购买产品的数量与其所购买同种产品总量的百分比。

客户选择性：本企业一般客户的购买量与其他企业一般客户的购买量的百分比。

价格选择性：本企业平均价格与所有其他企业平均价格的百分比。

假如某企业在一段时间内，市场占有率有所下降，那么原因很可能是以下四个：

（1）企业失去了某些客户（这说明企业客户的渗透性较低）。

（2）现有客户从本企业所购买产品的数量在其全部所购产品中所占比重下降（这说明该企业的客户忠诚度较低）。

（3）企业现有的客户规模较小（这说明该企业的顾客选择性较低）。

（4）企业产品的价格相对于同行竞争者产品的价格高了一些（这说明该企业产品的价格选择性较低）。

3.

团队成本指标：省下来的都是利润

一个团队的利润怎么样，既要看它直接创造了多少销售额，也要看他日常一切经营的成本数。在销售额一定的情况下，经营成本越低，企业的利润就越高。因此，如何节省经营成本，关系到企业的利润。关注成本指标，不仅可以了解企业的经营成本状况，还能有的放矢地节省成本，提升企业的盈利能力。

成本费用利润率——反映成本费用与利润的关系的指标

成本费用利润率是指企业在一定时间内的利润总额与成本费用总额的比率。成本费用利润率的计算公式：

成本费用利润率 = （利润总额 ÷ 成本费用总额） ×100%

其中，利润总额和成本费用总额来自企业的损益表。

成本费用通常指主营业务的成本及附加和三项期间费用（销售费用、管理费用 、财务费用）。值得注意的是，由于附加业务利润与投入的成本费用无直接关系，所以，在计算成本费用利润率的时候，可以将附加业务利润直接忽略掉。

通过成本费用利润率这一指标，可以清楚地了解企业每付出一元钱的成本费用可获得多少利润，体现了企业经营耗费所带来的经营成果。该项指标越高，利润就越大，表明企业的经营效益越好；相反地，成本费用利润率越低，利润就越小，说明企业的经济效益不好。

计算企业的成本费用利润率意义重大。

首先，成本费用利润率是一份真实有效的数据，可衡量某项业务对提升企业的经营效益到底有多大的作用。

其次，它可以用来观察企业成本费用利润率的变化情况，让管理者从中了解到哪项业务、哪个月份的效益不好，哪项业务、哪个月份的效益好等信息。这样管理者才知道企业的盈利能力如何，以便于适时调整经营方向。

人工成本利润率——人工成本总额与利润总额的比率

人工成本利润率是为了强化宏观工资分配调控，刺激企业生产和发展，提高企业经济效益，让员工工资与企业经济效益同步增长，需要一个人工成本与经济效益结合的相对指标。这就是人工成本的利润率，它的计算公式为：

人工成本利润率 =（利润总额 ÷ 人工成本总额）×100%

人工成本利润率可以很好地反映一家企业的员工直接和间接得到的全部报酬与企业利润之间的关系。在同行业企业中，人工成本利润率越高，表明单位人工成本取得的经济效益越高，人工成本的相对水平越低。

在了解人工成本利润率之前，管理者需要先了解人工成本的内容。一般来说，人工成本包括员工工资总额、员工福利费用、社会保险费用、员工教育费用、劳动保护费用、员工住房费用、其他从业人员劳动报酬和其他人工成本。其中：

员工工资总额指的是企业在报告期内支付给本企业员工的劳动报酬。包括：计时工资、计件工资、奖金、津贴和补贴、加班工资以及特殊情况下支付的工资等。

员工福利费用指的是企业在工资以外实际支付给员工个人以及用于集体的福利费用的总称。包括企业支付给员工的冬季取暖补贴费、医疗卫生费、计划生育补贴、生活困难补助费以及丧葬抚恤救济费等。

社会保险费指的是企业为员工缴纳的养老保险、失业保险、医疗保险、工伤保险、生育保险费用。包括企业向社会劳动保险机构缴纳的费用、为员工支付的补充养老保险或储蓄性养老保险，以及支付给离退休人员的其他养老保险费用。

员工教育经费是指企业为员工学习先进技术和提高文化水平而支付的培训费用。

劳动保护费用是指企业购买员工实际享用的劳动保护用品、保健用品等费用支出。

员工住房费用是指企业为改善员工居住条件而支付的所有费用，包括支付给员工的住房补贴、租房补贴等。

对企业管理者来说，人工成本利润率发生变化意味着企业经营状况也在发生变化。当你发现人工成本利润率下降时，就应该分析其原因。如果是因产品销量不畅导致的，那就应该尽快进行产品结构调整，开展产品促销活动；如果是因为原材料价格上涨或人工成本增加导致的，就应尽快采取措施，努力降低原材料成本或人工成本。

主营业务成本率——主营业务收入中主营业务成本所占比例

主营业务成本率是衡量某段时期内，主营业务收入中主营业务成本所占的比重，即投入与收入的比重。其计算公式为：

主营业务成本率 =（主营业务成本 ÷ 主营业务收入）×100%

主营业务成本指的是公司生产和销售与主营业务有关的产品或服务所必须投入的直接成本，主要包括原材料、人工成本（工资）和固定资产折旧等。一般来说，主营业务成本是用于核算企业因销售产品、提供劳务或让渡资产使用权等日常活动而产生的成本。

对于大多数行业来说，主营业务成本是损益表中冲减利润最大的一项。因此，对待这个指标，企业应重点分析，找出可以降低成本的项目，以提高企业的盈利水平。

首先，管理者应明确公司主营业务成本的构成和各部分的比例。

其次，要逐项判断主要成本构成的变化趋势，比如，对于制造业而言，人工成本和折旧成本变化通常不会太大，变化大的是原材料和零部件采购成本，这一块应该成为重点分析的对象。

例如，在电缆行业，主营业务成本中精铜价格即便有10%的波动，也会对企业利润产生重大的影响。对此，公司可以通过规模化采购和内部控制来有效地降低主营业务成本。

要注意的是，在结转主营业务成本时，借记“主营业务成本”科目，贷记“库存商品”“劳务成本”科目。主营业务成本按主营业务的种类进行明细核算，期末将主营业务成本的余额转入“本年利润”科目，结转后本科目无余额。

在了解主营业务成本时，我们还有必要了解其他业务成本。因为其他业务成本是企业确认的除主营业务活动之外的其他经营活动所发生的支出。其他业务成本包括销售材料的成本、出租固定资产的折旧额、出租无形资产的摊销额、出租包装物的成本或摊销额等。

主营业务利润率——反映企业主营业务的获利能力

主营业务利润率指的是企业一定时期主营业务利润同主营业务收入净额的比率。该指标越高，说明企业产品或商品定价科学，产品附加值越高；说明企业的营销策略得当，主营业务市场竞争力越强，发展潜力越大，获利水平越高。它反映的是企业每单位主营业务收入能带来多少主营业务利润，体现的是一家企业主营业务的获利能力，是评价企业经营效益的重要指标。

主营业务利润率的计算公式是：

主营业务利润率＝［（主营业务收入－主营业务成本－主营业务税金及附加）÷主营业务收入］×100%

需要注意的是，主营利润率是公司主业所产生的利润率。例如，一家主营房地产的公司，兼顾经营旅游行业，那么这家公司的主营业利润就应该是针对房地产业务来计算的，即通过计算房地产业务的收入、成本、税金等，计算出主营业务利润率。而旅游业的收入、成本等不计算在内。

对于一家企业来说，只有当它的主营业务突出，即主营业务利润率较高时，它才能在竞争中占据优势地位。如果企业没有足够大的主营业务利润率，就无法形成企业的最终利润。为此，管理者应该结合企业的主营业务收入和主营业务成本分析，才能充分反映出企业成本控制、费用管理、产品营销、经营策略等方面的不足与成绩。

营销费用率——市场营销费用占销售额的比例

营销费用率指的是市场营销费用占销售额的比例，它的计算公式是：

营销费用率 =（营业费用 ÷ 销售收入）×100%

其中营销费用是指在销售产品、提供劳务等日常生产经营过程中发生的各项费用以及专设营销机构的各项经费。包括推销员费用、广告费、促销费、市场调查费、营销管理费等等。

销售收入指的是符合商品所有权的主要风险和报酬已转移给买方，企业既没有保留与所有权相联系的继续管理权，也没有对已经出售的商品实施控制，相关的收入和成本能够可计量并且与交易相关的经济利益能够流入企业等四项条件的商品销售收入。

在销售收入一定的情况下，营销费用越低，企业的效益就越好。通过分析营销费用率可以有效地监督营销费用的支出情况，确保其不超出年度计划的指标。营销费用率可以反映取得一定的销售收入所需付出的营销成本，可作为衡量营销效率的重要指标。

通常来说，营销费用率会受各种因素的影响上下波动。适当的偏差是正常的，但如果超出了正常的范围，就应该引起注意了。如果及早发现苗头，应采取措施，以便控制住销售费用进一步上升。下面，我们就来了解影响营销费用率的最重要的几个因素，如图－附11所示。

因素1：销售队伍效率。

销售队伍的规模和销售人员的工作效率，都是影响营销费用率的重要因素。因此，企业管理者应根据企业的经营状况，确定自己的销售队伍规模和销售人数。各级销售经理，应从以下指标来控制其销售队伍的效率：

①每个销售人员平均每天进行销售访问的次数；

②每次销售人员访问平均所需的时间，平均的收入和成本；

图－附 11：影响营销费用率的四个因素

③每次销售人员访问的招待费；

④100 次销售访问的订货单百分比；

⑤一期新的顾客数目及流失的顾客数目；

⑥售队伍成本占总成本的比例等。

因素 2：广告效果。

在营销过程中，广告是不可或缺的工具。一家企业的广告是否有针对性、是否高效，对提升企业的产品知名度起着重要的作用。要想通过高效的广告提高企业的营销收入和营销水平，企业就必须在明确产品定位及广告目标的基础上，有针对性地开展这样几项工作：

①了解每一种媒体类型、每一个媒介工具以及每千人的广告成本；

②了解注意、看到、联想和阅读印刷广告的人在其受众中所占的百分比；

③调查分析针对企业的产品或服务最有效的广告方式的成本；

④了解消费者对广告内容和有效性的意见；

⑤了解消费者在接触广告前后对于产品态度的变化；

2 解由广告所激发的询问次数，广告投入对企业收入增长的贡献率等。

因素 3：促销效果。

为了刺激消费者购买产品，企业可以采取多种促销活动，包括：

1费者促销，如免费试用样品、优惠券、现金折款、价格折让、赠品、奖金等；

②交易促销，如购买折扣、广告和陈列折让、促销资金和经销商销售竞赛等；

③销售人员促销，如销售奖金、销售人员之间开展销售竞赛等。

无论采用什么促销方式，目的都是为了吸引新老用户做出购买行为，提高用户的重复购买率，从而实现企业销售额和利润的增长。所以，对于各种促销活动所带来的效果，管理者必须进行数据分析，包括促销前后的企业产品销售额增长状况，与竞争对手相比市场份额的变化，促销费用在销售额增长中所占的比例，促销活动结束后产品的销售量、销售额及市场份额的变化等。

因素4：分销效果。

所谓分销，指的是让消费者在最方便的时间和地点购买到你的企业产品，这一因素是衡量企业分销效果的主要标志。分销效率涉及根据产品的品种、顾客的购买批量、所要求的空间便利、等候时间及服务支持等进行渠道的设计决策，确定渠道的目标、级数、成员的构成等，并以此为基础，按照经济标准、控制标准及适应标准来评价备选渠道方案。

在确定实施方案后，按照规定的标准（包括经销商的信用和财务状况、销售能力、产品线、声誉、市场覆盖范围、销售绩效、管理的连续性、管理能力、态度、规模等），选择、管理、激励和评价渠道成员，并根据方案的实施情况适时进行调整，争取获得最佳的分销效果。

研发费用率——反映团队研发成本的控制能力

研发费用率指的是企业在产品、技术、材料、工艺、标准的研究、开发过程中发生的各项费用与营业收入所占的比例。其计算公式是：

研发费用率 =（研发费用 ÷ 营业收入）×100%

想要计算出企业的研发费用率，管理者就必须先搞清楚企业的研发费用包括哪些内容。一般来说，研发费用包括以下五项内容：

（1）企业研发活动所产生的材料、原料、动力以及机器设备的维修维护、费用。

（2）研发项目所产生的项目费、资料费、测试仪器、设备购买费等。

（3）企业在职研发人员的工资、奖金、津贴、补贴、社会保险费、住房公积金等人工费用以及外聘研发人员的劳务费用。

（4）用于研发活动的软件、专利权、非专利技术等无形资产的摊销费用。

（5）与研发活动直接相关的其他费用，如技术图书资料费、资料翻译费、差旅费、专家咨询费、培训费等。

通过了解研发费用率可以让管理者清楚地看到公司投入在研发上的每一分钱所带给公司的回报，认清研发费用占营业收入的比例，再结合公司的经营状况，看是否有必要调整研发费用的投入，或是否存在研发费用虚高、浪费的现象，以提高研发费用使用率。

一般来说，要想提高研发费用使用率，减少浪费现象，企业可以从以下三个方面去努力：

（1）组建稳定高效的研发团队。

任何项目都要靠人来完成，而研发团队是研发项目的主体。一个项目能否高效地完成，依赖于一支成熟的研发团队。所以，在进行研发时，一定要组建一支稳定、成熟的研发团队。那么，怎样的团队才叫稳定、成熟呢？它应该具备五个方面的要素：

①为项目经理提供必要的培训，提高项目管理的水平；

②引入正规的决策点，使项目计划、实施、评估更加顺畅；

③采用多层次考核指标，在分析事实的基础上决定项目是否继续进行；

④改进新的、高效的工作流程，使研究、测试和开发流程更加快捷；

⑤建立通信网络，引进视频会议和群聊技术，使研发团队沟通更顺畅。

（2）提高研发效率。

研发效果达不到预期，有研发人员自身的原因，也有客观的原因，比如，企业自身的技术能力不达标，管理水平不够等。关于研发人员的原因，企业可以通过培训得以改善，关于企业存在的客观原因，企业则需要加强管理，为研发提供良好的环境和硬件设施。为此，企业可以从以下四点入手：

①努力提升技术管理水平，重新界定企业研发水平；

②加快企业对市场的反应速度，更好地响应客户需求；

③广泛地使用产品、技术路线图，使产品规划与技术同步；

④重新评估自己的技术核心能力，将大量的、自己不擅长的技术进行外包。

（3）提升研发与市场的对接性。

研发部门自以为是，在项目研究上缺少与市场部门的沟通，这是造成研发资源浪费的一个重要原因。实践证明，研发必须着眼于市场需求，研发部必须重视与市场部门进行沟通，这样才能了解市场需求、了解客户的想法，研发出最能满足用户需要的产品。

采购费用率——反映采购费用与利润总额的比例

采购费用率指的是采购费用所占产出价值的比例，其计算公式是：

采购费用率 =（实际采购费用 ÷ 产出价值）×100%

其中，采购费用指的是企业在采购材料过程中所支付的各项费用，包括材料的运输费、装卸费、保险费、包装费、仓储费以及运输过程中的合理损耗和入库前的整理挑选费等。

采购费用的类型分为两种，一种是直接采购费用，一种是共同采购费用。直接采购费用指的是发生时能直接确认应由某种材料负担的费用，该费用发生后直接计入各种材料的采购成本。共同采购费用指的是由多种材料共同负担的采购费用，该种费用发生后应按统一的标准分配计入各种材料的采购成本，分配标准主要有采购数量、价格等。

在实际经营中，有时还有一些其他的费用，也属于材料的采购费用。比如，采购人员的旅差费、市内采购材料的运杂费、专设采购机构的经费等等。但是为了简化会计的核算，这些费用均不计入采购成本，而是直接列为管理费用支出。

在许多行业中，采购成本几乎占到了销售额的60%以上。如果能深入地研究采购费用率，采用专业高效的采购成本管理模式，有效地控制采购成本，那么企业的盈利水平和利润总额必将得到实质性的提高。下面，我们就来看看降低采购成本有哪些策略，如图－附12所示。

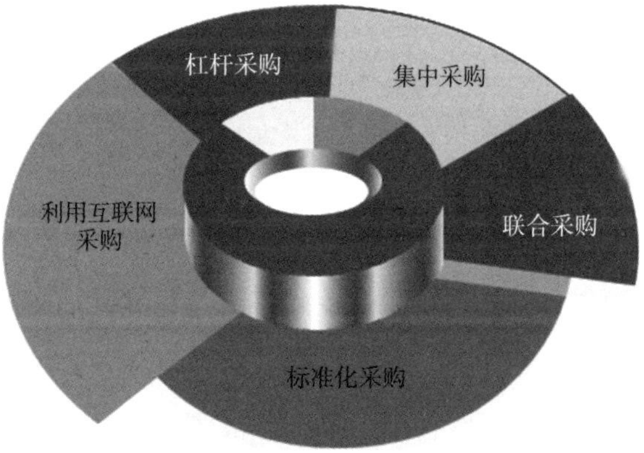

图－附12：降低采购成本的策略

策略1：杠杆采购。

杠杆采购指的是长期、持续性的随机采购，但却不愿意与供应商维持比较密切的合作关系。之所以这样，可能是对价格的波动特别敏感，或所经营的产品的寿命非常短，使得企业不得不随时寻找价格最低的供应商。

杠杆采购可以寻找到价格最低的供应商，但不利之处是采购人员要花费较多的时间去做价格分析、对比。为了避免这个弊端，建议企业之间联合起来进行大规模的采购，从而增加与供应商的议价空间。联合起来进行采购的好处是，避免向同一个供应商采购相同零件时，各个企业支付的价格不同，但彼此却不知情，平白无故地失去节省采购成本的机会。

策略2：集中采购。

在“涨”声一片的浪潮中，企业如何才能控制采购成本呢？这很容易让人想到集中采购。说起集中采购的优势，在家电行业中最为明显。但要真正做到集中采购，却没有那么容易，有时候单靠公司采购部门是无法完成的。

以青岛海尔集团为例，电缆是海尔制造众多产品必不可少的部件。为了能够做到集中采购，采购部门和产品设计部门通力合作，对空调、洗衣机、电冰箱等产品需要用到的电缆进行了统一的设计，把能够标准化的标准化，把能够采用通用部件的尽量采用通用部件。通过这些措施，海尔集团所采购的电缆由原来的几百种电缆减少为十多种。采购的品种减少了，才能顺利地实现集中采购。实行集中采购后，海尔集团每年在电缆采购上就节约了约20%的成本。

策略3：联合采购。

联合采购与集中采购颇有几分相似之处，不同的是，联合采购主要是指同行业不同企业之间联合起来实行的大规模的采购行为。通常来说，联合采购行为主要发生于非营利事业中的采购，比如医院、学校等，通过统计不同采购组织的需求量，以获得较好的折扣价格。同时，还能联合起来抵御原材料涨价的风险。如今，这一采购模式也被应用于商业活动之中，如第三方采购，即专门替那些需求量不大的企业服务的采购公司。

某大型集团公司的采购经理曾表示，规模的大小直接决定了企业在产业链上的话语权，大企业拼命压迫小企业降低价格，这是采购的普遍现象。只有实力和规模强大的企业，才可以实行“大鱼吃小鱼，小鱼吃虾米”的采购策略。但对于众多中小型公司来说，想要在供应商那里争得话语权，就必须联合起来进行采购，同时可以增强防范风险的能力。

一方面，多家中小企业联合起来采购，把小订单变成了大订单，在谈判时就有了更多的话语权，就更容易获得采购规模优势，从而获得和大企业一样的江湖地位；另一方面，联合起来采购的对象是原材料生产企业，这样可以摆脱代理商的转手成本，通过直接与制造商交易，减少了中间的环节，降低了流通成本，提高了产品质量上的保障。

策略4：标准化采购。

标准化采购指的是为不同的产品项目或零件使用共通的设计、规格，或降低订制项目的数目，以规模经济量，达到降低制造成本的目的。这一点可参考海尔集团的采购方式，把能够标准化的标准化，把能够采用通用部件的采用通用部件，扩大标准化的范围，整合采购的原材料，以降低采购成本，获得更大的效益。

策略5：利用互联网采购。

互联网面对的是全球市场，可以突破传统采购模式的各种局限，扩大采购比价范围。在互联网上，可以轻松地逆行货比多家，通过对比质量、价格等关键因素，找到最满意的供应商，从而大幅度地降低采购成本。

通过互联网采购，还可以集中优势资源进行集中采购，减少采购环节，减少采购过程中的差旅费、谈判费用等直接费用。同时，互联网采购还可以大大增加采购的信息量，减少由于信息不完全而产生的风险和成本，提高采购效率。

利用互联网采购，可以将生产信息、库存信息和采购系统紧密地连接起来，可实现实时订购，企业可以根据需要适时订购，最大限度地降低库存压力，实现“零库存”管理，这样既可以减少资金占用和仓储成本，还能避免价格波动对采购成本的影响。

例如，美国戴尔电脑公司通过互联网采购系统，将其零部件库存时间压缩到一周之内，而其他电脑公司则多达一个月甚至三个月。这对计算机硬件产品一天一价格，而且属于不断下降的行业来说，积压库存意味着产品的零部件价格总是比当前的价格高。这就是戴尔公司为什么能以低于同行15%的价格进行产品优惠销售的重要原因。

4.

团队考核指标：教你如何通过考核出绩效

一个团队发展得好不好、效益高不高，需要通过一些关键的指标去考核。如客户满意度、客户保有率、客户流失率、员工离职率等等，这就是我们要讲的团队考核指标。了解并计算好这些指标，可以准确地摸清团队的绩效情况和发展状况。

采购计划完成率——评价采购部门工作质量的重要指标

所谓采购计划完成率，通俗地说就是采购完成情况，指的是实际采购情况与计划采购情况的比值。该指标常用于对采购部门的工作完成情况进行评估，是衡量采购人员努力工作的重要标准，其计算公式为：

采购计划完成率＝［实际采购总金额（或数量）÷同期计划采购总金额（或数量）］×100%

某企业根据上一年的采购情况，制定了新一年的采购计划，计划采购金额为90万元。在年底核查时，发现实际采购金额为80万元。那么，这家企业的采购计划完成率＝80÷90＝88.9%。

要注意的是，采购完成数量有两种计算标准，一种是按照采购人员签发的请购单计算，另一种是在供应商交货验收完成后来计算。

采购计划完成率是评价采购部门工作质量的重要指标，该指标数值越大，说明采购人员工作越努力，执行力越好。但是，如果采购人员单纯地追求采购计划的完成率，有可能会降低议价的空间，对企业造成不利的影响。所以，我们不能单独以该指标来衡量采购人员的工作能力，而要与其他指标配合使用。

采购计划有三种不同的划分标准：

第一类，按计划期的长短，可以把采购计划分为年度采购计划、季度采购计划和月度采购计划。

第二类，按物料的使用方向，可以把采购计划分为生产产品用物料采购计划、维修用物料采购计划、基本建设用物料采购计划、科研用物料采购计划、技术改造用物料采购计划、企业管理用物料采购计划等。

第三类，按照自然属性，可以把采购计划分为金属物料采购计划、机电产品物料采购计划、非金属物料采购计划等。

需要注意的是，在制定采购计划时，要根据企业前期的销售情况进行统计分析，确定本期应该进购什么品种、型号、规格的物料，以及各物料的数量。与此同时，还应参考库存量，库存多的物料要少进购。当然，如果企业资金充足，而且产品销路很好，可以适当多进购相应的物料。

生产计划完成率——反映团队生产能力的指标

生产计划完成率是指实际完成的生产任务量与计划完成的生产任务量的比值。其计算公式为：

生产计划完成率 =（实际完成的生产任务量 ÷ 计划完成的生产任务量）×100%

例如，某企业年初计划一年内生产某产品 200 万件，年底进行考核时，发现实际生产的产品为 190 万件。那么，其生产计划完成率就是：

生产计划完成率 =（实际完成的生产任务量 ÷ 计划完成的生产任务量）×100% =190 ÷200 ×100% =95%

通过生产计划完成率，可以判断企业的生产能力，继而大致预测企业的销售能力。

一般来说，影响生产计划完成率的因素除了生产计划不切实际，虚高太多，造成生产计划完成率过低之外，还有三类因素：

第一，长期因素。

影响企业生产能力的长期因素，主要表现为购置安装大型成套生产设备、进行生产技术革新等，这些行为往往要花上一年甚至几年的时间，才能取得成功。这些因素能从根本上改变企业生产系统的状况，大幅度地提高企业的生产能力。但同时也需要投入大量的资金，属于战略性决策。

第二，中期因素。

中期因素是指半年到一年这个时间周期内，对企业生产能力发生作用的因素。比如，采用新的工艺装备，添置一些可以随时购买到的设备，或对设备进行小规模的改造革新。增加工人以及将某些生产任务委托给第三方生产，其中包括利用库存来调节生产的作用。这些因素都会对企业的生产能力产生影响，继而影响生产计划完成率。

第三，短期因素。

短期因素是指半年之内，甚至当月就能对企业的生产能力产生影响的因素。这类因素很多，比如，加班加点、临时增加人手、增开班次、改善原材料质量、提高设备维修水平，通过短期奖励激发员工的积极性，这些因素都能在短期内对企业的生产能力产生影响，继而影响企业的生产计划达成率。

总之，在判断企业的生产能力时，不能片面地看生产计划完成率，而要全面地分析哪些因素影响了企业的生产能力，客观地评价企业的生产能力。

客户满意度——衡量售后服务质量的标准

客户满意度，也叫客户满意指数，是一项针对服务性行业的客户满意度调查系统的简称。它是一个相对的概念，体现的是客户期望值与客户体验的匹配程度。换句话说，就是客户通过对一种产品或服务可感知的效果与其期望值比较之后得出的指数。

美国论坛公司是全美最具权威的客户服务研究机构，它曾投入数百名调查研究人员，花了近10年时间对全美零售业、信用卡、银行、制造、保险、服务维修等 14 个行业的近万名客户服务人员和这些行业的客户进行细致深入的调查，发现一个可以有效衡量客户服务质量的 RATER 指数。

所谓 RATER 指数，是由五个英文单词的开头字母的组合，分别代表 reliability（信赖度）、assurance（专业度）、tangibles（有形度）、empathy（同理度）、responsiveness（反应度）。客户对于一家企业的满意程度，直接取决于 RATER 指数的高低，如图 - 附 13 所示。

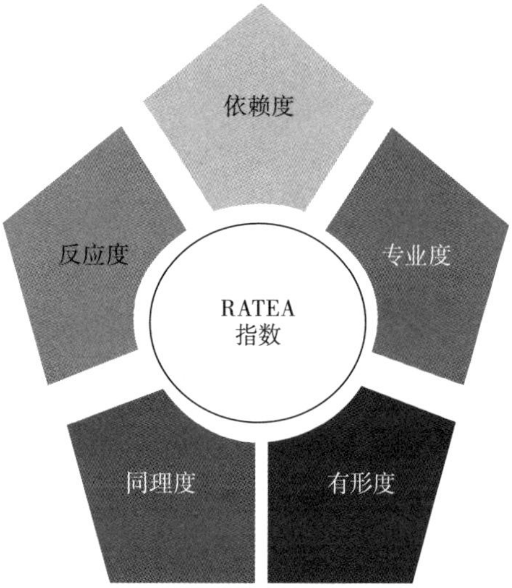

图 - 附 13：RATER 指数

信赖度——指的是一家企业能够始终如一地履行对客户的承诺。企业如果能做到这一点，那么就会赢得客户的信赖，拥有良好的口碑。

专业度——指的是企业的服务人员所具备的专业知识、技能和职业素质，还包括提供优质服务的能力、对客户的礼貌和尊敬、与客户有效沟通的技巧等。

有形度——指的是有形的服务设施、环境、服务人员的仪表，以及在服务过程中对客户的帮助和关怀的有形表现。原本服务是一种无形的产品，但如果环境整洁、舒适，服务人员热情、体贴，那么无形的服务也会变成有形的东西。

同理度——指的是服务人员随时设身处地地为客户着想，真正地同情、理解客户的处境，了解客户的需求。

反应度——指的是服务人员对于客户的需求的回应速度，以及迅速给客户提供服务和解决方案的积极性。当客户有了问题时，如果服务人员能立即回应、迅速解决，表现出积极的态度，那无疑会给客户留下美好的印象。

对于以上五个要素，企业与客户的认知是不一样的，客户认为信赖度、反应度是最重要的。这说明客户希望企业能够完全履行自己的承诺，以及切实地为其解决问题。这也提醒了广大企业，一定要信守承诺，给客户留下诚信的印象，并切实地为客户着想，帮客户解决问题。

客户保有率——助你掌握忠诚度较高客户的比例

客户保持率是指企业继续保持与老客户交易关系的比例，也可理解为顾客忠诚度。它是反映企业留住老客户的能力，也是企业保持市场份额的关键。一家具有前瞻性眼光的公司，总是重视与客户建立长久而稳固的合作关系。

客户保有率的计算方式有两种，一种计算方式是基于成交客户的数量，用于描述上期成交客户在统计期间的成交客户数占比：

客户保持率 =（上期成交客户数在统计期间成交客户数 ÷ 上期客户数）×100%

举个简单的例子，假如一家公司第二季度客户保持率 =（第二季度成交客户数在第三季度继续成交的客户数 ÷ 第二季度成交客户数）×100%

另一种计算方式是基于成交金额，该指标可理解为现有客户交易增长率，即现有客户交易增长率 = [（本期客户交易额 - 上期客户交易额）÷ 上期顾客交易额] ×100%

留住老客户，提高客户的保有率，比开发新客户容易得多、成本也低廉得多。下面，我们就来看看，哪些举措有助于提高客户的保有率。

（1）重视客户的抱怨和意见。

全国运输安全委员会是美国对航空、铁路、公路、海上和管道的运输事故进行调查的政府独立机构。该机构对于每一次工作失误，都会确保今后不再发生。这种态度是每一家企业都应该效仿的，当企业因工作失误引起客户的抱怨时，企业应认真总结经验，确保不会在同样的地方跌倒两次。

重视客户的意见，还表现为主动出击，通过问卷调查、线上调查、电话或 Email 等媒介来征询客户的意见。这一调查方式能为公司节省大笔的市场调研费用。为了激发客户积极配合意见调查，公司可以在客户下一次合作时提供一定的优惠，以向客户表达谢意。

对于客户的批评意见，要认真听取，对于有价值的建议，要及时采纳；对于客户的表扬，不要自满，应该在原有基础上做得更好。

（2）推出客户忠诚度计划。

不少航空公司都重视推出客户忠诚度计划，以提升客户保有率。比如，美国连锁咖啡公司星巴克，他们将客户与忠诚度计划密切结合起来，获得了大量的回头客。我们可以根据公司的实际情况，制定相应的忠诚度计划。比如，向资料库中不同的客户发送邮件，给他们不同的折扣，吸引他们回来继续消费。

（3）给客户最好的服务体验。

当客户体验到令他们难忘的服务时，他们通常会对公司产生好感，并成为公司的忠实粉丝。为此，企业需要在与客户打交道时，做到这样几点：

①客户电话必须在响铃 3 次之内接听，避免自动语音应答或像迷宫一样让客户摸不着头脑的电话自助菜单。

②低调承诺，超额兑现。做不到的绝不承诺，承诺的一定要做到，而且要做得超出客户的期待。这样有利于建立企业的信誉度。

③当客户出现情绪化的行为时，通过微笑、耐心、同理心的服务来抚平客户的情绪，避免事态的恶化。微笑服务总是不会错的，它能反映出公司的精神面貌，还能给客户带去好心情。

④关注客户的需求，及时跟进客户，直到帮客户化解困难。

⑤与客户保持联系并做好记录，包括上次合作的时间、合作的金额，

如果都能记录下来，那么对增加对客户的了解非常有帮助。而且可以根据这些数据，分析出客户的需求，定期回访，提醒客户再一次合作。

（4）真正帮客户解决问题，带给客户实惠。

客户是精明的，你是发自真心地帮他解决问题，还是只想着从他们的口袋中赚钱，客户心里是非常清楚的。如果你能用心聆听客户的心声，真正帮客户解决问题，带给客户实惠，满足客户的需求，那么自然能俘获客户的芳心。

（5）做一个价值提供者。

许多公司都声称自己能为客户提供价值，但却鲜有公司真正了解什么是价值。其实，向客户提供价值并不复杂，只要做到先求付出，再问回报。

比如说，作为一家食品公司，你可以向客户发送邮件，免费向他们提供其他竞争对手需要收费的果汁制作方法。这能让你与你的竞争对手形成差异，同时也向客户提供了价值。

（6）定期回馈客户，给客户惊喜。

平时要注重与客户维持关系，节假日给客户送上有意义的礼品、促销礼券或仅仅一条表达感谢和想念的短信。只要能体现公司的诚意，带给客户惊喜和感动，就能起到拉近客户的心的作用。

以上六条建议可以让你的公司给客户留下良好的印象，继而留住客户的心。在实际运用过程中，要根据公司的具体情况举一反三，切勿盲目生搬硬套。

客户流失率——判断客户流失情况的重要指标

客户流失率是指客户的流失数量与全部消费产品或服务客户的数量的比例，其计算公式是：

客户流失率 =（流失的客户数量 ÷ 全部客户数量）×100%

客户流失率是客户流失的定量表述，是判断客户流失的主要指标，直接反映了企业经营与管理的现状。用一个比喻来说，产品就像蓄水池，客户就像水池中的水。池子中每时每刻都有新客户涌入，也有一部分客户流失，如果流失的客户超过了新客户，且流失的速度越来越快、流失的数量越来越多，那么管理者就应提高警惕，想办法减少客户流失率，增加新客户的数量。否则，蓄水池干涸只是时间问题。

假设一家银行的客户数量从 50 万人减少到 45 万人，那么它流失的客户数量为 5 万人，客户流失率即为（5 万 ÷50 万）×100% =10%。当然，这种计算客户流失率的方法是将每位流失的客户同等看待。如果想更准确地了解客户流失对公司造成的影响，我们应该搞清楚流失的客户的购买额。

如果流失的 5 万客户的单位购买额是平均数的 3 倍，那么，相对客户流失率即为（5 万 ÷50 万）×3×100% =15%。如果流失的 5 万客户的单位购买额仅为平均数的 1/3，那么相对客户流失率即为（5 万 ÷50 万）×1/3×100% =3.3%

那么，面对较高的客户流失率时，企业管理者该如何降低客户流失率呢？一般来说，有以下四个步骤：

第 1 步：确定和衡量它的客户保持率。例如，报纸的续订率。

第 2 步：找出导致客户流失的原因，并找出那些可以改进的地方。

第 3 步：估算一下当它失去这些不该失去的客户时所导致的利润损失。当一个客户流失时，损失的利润就相当于这个客户的所有价值，也就是说，相当于这位客户在正常年限内持续购买所产生的利润。

第 4 步：计算降低流失率所需要的费用。只要这些费用低于所损失的利润，公司就应该花这笔钱。

员工离职率——衡量团队人员流动状况的一个重要指标

员工离职率是以某一单位时间（如以月为单位）的离职人数，除以当月公司在册人数后乘以 100%，用公式表示就是：

离职率 =［离职人数 ÷（期初人数 + 当月入职人数）］×100%

员工离职率是用来衡量企业、团队内部人力资源流动状况的一个重要指标，根据离职率可以了解企业、团队对员工的吸引力，以及员工对企业团队的满意度。

通常来说，如果一家企业、团队的离职率过高，表明该企业、团队的员工情绪波动较大、劳资关系存在较为严重的矛盾，企业、团队的凝聚力较差。这会导致人力资源成本增加、组织效率下降。

当然，也不是说离职率越低越好。在市场竞争中，企业、团队保持一定的员工流动，可以使企业、团队利用优胜劣汰的人才竞争机制，激活员工的进取、创新意识。国际上一些知名度较高、经济效益较好的公司，其员工离职率一般不超过5%。个别企业如华为、富士康等，离职率在10%以上。

一般来说，如果一家企业的员工离职率低于2%或高于10%，都说明存在问题。离职率低于2%，说明企业可能是处于垄断地位的国有企业，人力资源竞争力不强；离职率高于10%，说明企业处于动荡之中，企业存在较大的留人问题。

一家优秀的企业应该关心应聘的员工工作是否连续，是否跳槽过于频繁。同样，一个优秀的求职者通常会关心企业员工的稳定性，关心员工离职率是否过高，以防自己掉进离职陷阱。所谓离职陷阱，指的是岗位离职率很高，其原因是多方面的，但企业管理者却漠不关心，求职者进入该岗位后很容易在短时间内离职，给自己造成较大的损失。